W0369015

Cloud clever nutzen

Der leicht verständliche Überblick

Markus Gorski
Michael Schuld
Holger Wöltje

HAUFE.

Inhalt

So setzen Sie die gezeigten Tipps und Beispiele direkt um

Wir haben für Sie im Internet Schritt-für-Schritt-Anleitungen und Videos zusammengestellt, mit denen Sie die Tipps aus diesem Buch direkt am Beispiel eines großen Anbieters umsetzen können: Wenn Sie einen Telekom-Anschluss besitzen, haben Sie die TelekomCloud kostenfrei inklusive – und damit einen großen Funktionsumfang, den Sie auf verschiedenen Betriebssystemen einfach und sicher nutzen können. Auch wenn Sie kein Telekom-Kunde sind, steht Ihnen ein Teil der TelekomCloud-Funktionen kostenfrei zur Verfügung. Scannen Sie einfach den QR-Code am Kapitelende oder öffnen Sie die Seite: www.cloud-clever-nutzen.de, um direkt zu den Anleitungen für die technische Umsetzung der Tipps aus dem Buch zu gelangen und die Cloud gleich selber auszuprobieren!

Entdecken Sie die Cloud mit Rainer!

Es ist Dienstag, 12:53 Uhr, und Rainers Telefon klingelt … Wäre er bloß nicht rangegangen! Das hat Rainer jetzt gerade noch gefehlt, der Termindruck für sein nächstes Projekt ist schon schlimm genug. Und jetzt auch noch das: Er soll in einer Präsentation für seinen Kunden die Funktionen der Cloud vorstellen. Den Begriff hat er zwar schon mal gehört, über die Details weiß er allerdings nicht Bescheid. Das muss sich so schnell wie möglich ändern.

Begleiten Sie Rainer bei seinen ersten Erfahrungen mit der Cloud und sehen Sie, wie er mehr über die Funktionen und Vorteile erfährt und wie auch Sie die Cloud für sich persönlich nutzen können.

Was ist die Cloud und was haben Sie davon?

Gestern Mittag hat Rainer ohne Pause durchgearbeitet. „Vielleicht bekomme ich beim Essen bessere Laune", denkt er, und macht sich auf den Weg in die Kantine. Betrübt stochert er auf seinem Teller herum. „Hey Rainer, wie geht's dir?" Strahlend begrüßt ihn seine Kollegin Sophia. „Ach, nicht so gut, Sophia", murmelt er. „Diese ganze moderne Technik – ich bin da etwas skeptisch und manchmal hab ich das Gefühl, ich komme nicht mehr mit. Mein wichtigster Kunde hat mir gerade gesagt, dass ich in der neuen Firmenpräsentation besonders seine Cloud-Produkte betonen soll ... Über diese ominöse Cloud redet zwar in letzter Zeit jeder, aber ich weiß gar nicht genau, was das eigentlich ist. Irgendetwas von Apple, dachte ich immer – und die Telekom wirbt auch viel dafür."

Daten online speichern und verarbeiten

Zum Glück kennt sich Sophia mit dem Thema aus: „Cloud ist im Prinzip ganz einfach: Früher hattest du alle Daten wie z.B. digitale Fotos, mp3-Musik und Word-Textdateien auf der Festplatte von deinem Computer gespeichert. Heute liegen solche Daten immer häufiger in einem Online-Speicher. So kommst du überall an deine Daten ran – genau wie sich Wolken frei über die ganze Welt bewegen können."

„Ja und? Mir doch egal ob meine Daten auf einer Festplatte oder sonstwo gespeichert werden", antwortet Rainer gelangweilt. Doch Sophia ist noch nicht fertig: „Wenn dein Laptop oder dein Smartphone nicht leistungsfähig genug für ein sehr anspruchsvolles Programm sind, lässt du das einfach von einem schnelleren Computer in der Cloud erledigen."

„Verstehe ich nicht. Was soll das heißen?" fragt Rainer. „Du lädst z.B. ein Video auf YouTube hoch und die kodieren es dann in der Cloud in viele verschiedene Formate um. Egal ob deine Freunde es auf einem kleinen Smartphone-Bildschirm, auf dem iPad oder einem Highend-Grafik-PC anschauen. Es gibt viele verschiedene Größen und Qualitätsstufen, von denen immer eine andere am besten zu Bildschirmgröße und Geschwindigkeit der Internetverbindung passt. Würdest du das alles zu Hause in so vielen verschiedenen Versionen speichern wollen, wäre dein Computer stundenlang beschäftigt, aber YouTube macht das automatisch für dich. Oder wenn du im Urlaub bist und zwei Wochen lang keine Mails lesen willst: Dein E-Mail-Anbieter hat einen Server in der Cloud, der ständig eingeschaltet ist und deine Abwesenheitsnotiz verschickt, obwohl du dein E-Mail-Programm und dein Laptop zwei Wochen lang gar nicht einschaltest ...".

Alles auf dem aktuellen Stand

„Das mit der E-Mail kenne ich. Aber was habe ich davon, Daten irgendwo im Internet zu speichern?" – „Wenn deinem PC mal was passiert, hast du die Daten dort gesichert. Du musst nichts mehr langwierig und umständlich auf CD brennen, wenn du unterwegs darauf zugreifen willst. Du musst auch nicht mehr ewig warten, um irgendwas per Kabel auf dein Smartphone zu überspielen. Alle Geräte lagern die Daten in der Cloud und haben so immer die aktuelle Version. Wenn du willst, kannst du auch Kollegen und Freunden Zugriff darauf geben", antwortet Sophia.

„Hmm, langsam verstehe ich. Wenn ich mal mein Handy tauschen will, speichere ich alle Telefonnummern in die Cloud und lade sie von da ins neue Telefon. Dann muss ich nicht alles nochmal abtippen ..." – „Genau", stimmt Sophia zu.

Rainer schöpft langsam Hoffnung, das Ganze doch noch zu verstehen. Interessiert fragt er weiter: „Und was kann ich damit ganz praktisch machen? Im Büro kümmert sich unsere IT-Abteilung ja um alles, aber was hab ich denn zum Beispiel zu Hause davon?"

Cloud ausprobieren

Rainer spendiert ein Schokoeis, während ihm Sophia begeistert erzählt, wie er die Cloud nutzen kann. Aber ein bisschen mulmig ist ihm noch immer: „Ist das nicht alles hochtechnisch und kompliziert?" – „Nein, gar nicht. Wenn man ein paar Dinge kennt und weiß, wo man den Rest nachschauen kann, ist es echt einfach. Probier die Cloud doch einfach mal aus!"

Rainer beschließt, es zumindest zu versuchen. „Und wo geht das?" „Es gibt viele verschiedene Anbieter, z. B. Dropbox, die iCloud von Apple, vielleicht hast du ja schon ein E-Mail-Konto bei GMX ..."

„Alles zwar schon mal gehört, aber ich hab das noch nicht. Zu meinem Internetzugang habe ich damals eine T-Online-Mailadresse bekommen und die nutze ich seitdem." „Du hast also eine T-Online-Adresse, hast du vielleicht auch einen Telekom-Anschluss?" – „Ja." – „Dann hast du schon die TelekomCloud inklusive – das wissen die meisten nur nicht!"

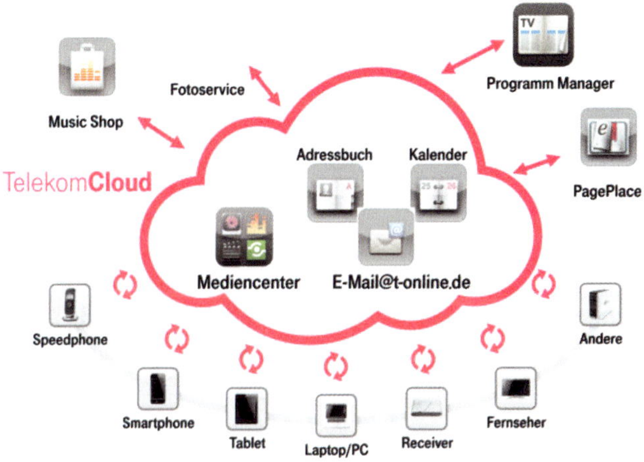

Datenaustausch mit der Cloud

Was Ihnen dieses Buch bietet und wie es aufgebaut ist

Begleiten Sie Rainer durch seinen Alltag und erfahren Sie dabei, wie Sie die Cloud ganz praktisch nutzen können – im Urlaub, zu Hause und für private Daten im Büro. Wir zeigen Ihnen, was Sie mit der Cloud alles anfangen können – an praktischen Beispielen, die Rainer erlebt. Dazu sagen wir Ihnen, worauf Sie achten müssen, um typische Fallen zu vermeiden, und geben Ihnen Tipps für den jeweiligen Einsatzzweck: Wenn wir z.B. davon sprechen, dass Sie Reisedokumente in der Cloud speichern und von unterwegs darauf zugreifen können, zeigen wir Ihnen auch, wie Sie es anstellen, die entsprechenden Papierdokumente auf Ihren Computer und in die Cloud zu bekommen.

Im letzten Kapitel finden Sie zur Orientierung einen kurzen Überblick über die wichtigsten Anbieter und Cloud-Produkte.

Die im Buch gezeigten Tipps können Sie mit vielen verschiedenen Diensten und Produkten in die Praxis umsetzen.

Wahrscheinlich nutzen Sie auch schon Cloud-Dienste, mit denen Sie viele oder auch alle der gezeigten Beispiele direkt umsetzen können, z.B. die iCloud oder Gmail (bis 2012 auch „Googlemail" genannt) inkl. Google Kalender oder die TelekomCloud (z.B. Mediencenter, E-Mail Center und Sync-Plus). Die TelekomCloud ist sehr vielseitig und mit verschiedenen Betriebssystemen wie Windows, Mac OS, iPhone/iPad, Android und Windows Phone nutzbar – Sie sind damit also nicht an ein bestimmtes Betriebssystem oder einen bestimmten Smartphone-Hersteller gebunden. Wenn Sie einen Telekom-Anschluss haben, ist das Paket „Mail & Cloud S" bereits gratis inklusive, so dass Sie die im Buch gezeigten Beispiele direkt umsetzen können. Auch wenn Sie kein Kunde der Telekom sind, können Sie sich einfach für eine kostenfreie T-Online-Mailadresse anmelden und dann trotzdem gratis alle TelekomCloud-Funktionen bis auf die Smartphone-Synchronisation nutzen.

Ergänzend zum Buch haben wir für Sie die Umsetzung aller gezeigten Beispiele mit der TelekomCloud als Zusatzmaterial ins Internet gestellt (Schritt-für-Schritt-Anleitungen und Videos). Um zu den Anleitungen im Internet zu gelangen, scannen Sie einfach den nebenstehenden QR-Code oder öffnen Sie die Seite www.cloud-clever-nutzen.de.

Rainer entdeckt die Cloud

Rainer atmet auf. Das mit der Cloud scheint doch nicht so kompliziert zu sein, wie er befürchtet hatte. Er wird das gleich ausprobieren und seinen Zugang einrichten. Was Sophia ihm gerade erklärt hat klingt richtig spannend. Er googelt vorsichtshalber noch ausführlich das Thema „Cloud und Sicherheit" und stellt erleichtert fest, dass der von ihm gewählte Anbieter die strengen deutschen Datenschutzvorschriften einhält und TÜV-zertifiziert ist. Also beginnt Rainer, seinen Cloud-Zugang einzurichten ...

> Achten Sie bei Cloud-Diensten auf das Thema Sicherheit und Datenschutz! Wir werden uns im Kapitel „Die Geschäftsreise: Mit der Cloud auf Nummer sicher" ausführlich damit beschäftigen und Ihnen im Kapitel „Welche Cloud soll ich nehmen? Kurzübersicht der wichtigsten Anbieter" auch verschiedene Anbieter kurz vorstellen. Doch zunächst zeigen wir Ihnen, was Sie so alles mit der Cloud anfangen können.

Auf einen Blick: Entdecken Sie die Cloud!

- Wenn Sie Ihre Daten zentral in der Cloud speichern, haben Sie mit verschiedenen Geräten (z. B. Smartphone, PC, Tablet) immer Zugriff auf den aktuellen Stand.
- Sie können auch anderen Personen Zugriff auf Ihre Daten geben, z. B. Ihrem Ehepartner auf Ihren Kalender.
- Es gibt viele verschiedene Cloud-Anbieter, die mehr oder weniger umfangreiche Dienste anbieten. Datensicherheit ist dabei ein wichtiges Thema. Eine kurze Anbieterübersicht und mehr zum Thema Datensicherheit finden Sie in den letzten beiden Kapiteln dieses Buches.
- Auch Programme können in der Cloud liegen, wie z. B. bei Office 365 von Microsoft: Sie können dann Excel-Dokumente im Browser bearbeiten, ohne das Programm auf Ihrem PC zu installieren – und die Software so auch von fremden PCs unterwegs nutzen. Für Firmen sind Virtualisierungslösungen (virtuelle Computer in der Cloud) sehr interessant. Darauf werden wir aus Platzgründen nicht eingehen. In diesem TaschenGuide geben wir ausschließlich Tipps für Privatanwender.
- Unsere Beispielperson Rainer erkundet in diesem Buch die Cloud – Sie lernen so anhand vieler Beispiele, was die Cloud Ihnen bringt.

Rainer in Madrid: Cloud im Urlaub

Regen, die ganze Woche nur Regen – zumindest in Deutschland. Wenigstens hat Rainer sein Projekt pünktlich abgeschlossen. Nun sitzt er mit seiner Frau Andrea im Flieger und freut sich auf wohlverdiente zwei Wochen Urlaub.

Eigentlich wollte er nur ein paar Dinge ausprobieren, damit er das Cloud-Prinzip kennenlernt und in seinem nächsten Projekt weiß, wovon die anderen sprechen. Dabei sind ihm gleich Ideen gekommen, wie ihm die Cloud auch im Urlaub nutzen wird. Also hat er zu Hause schon mal ein paar Dokumente in die Cloud gelegt.

Entdecken Sie mit Rainer in diesem Kapitel, wie Ihnen die Cloud im Urlaub hilft und Sie wichtige Dokumente sowie Notizen immer parat haben. Und falls es draußen gerade regnet: Freuen Sie sich doch jetzt schon mal auf Ihren nächsten sonnigen Urlaub!

Passlos in der Lobby: Dokumente überall parat

In Madrid ist es zehn Grad wärmer und den ganzen Tag scheint die Sonne. Rainer und Andrea haben heute Morgen gemütlich ausgeschlafen und sind gerade auf dem Rückweg von einem reichhaltigen Frühstück, als Rainer bemerkt, dass er die Schlüsselkarte im Zimmer vergessen hat. Die beiden gehen zur Rezeption. Da noch vier andere Gäste dort anstehen, nutzt Andrea den Gäste-PC gegenüber, um ein Restaurant für abends zu suchen, während Rainer wartet.

Endlich ist er an der Reihe: „Ich habe meinen Schlüssel im Zimmer liegen lassen. Können Sie mir eine neue Karte codieren?" – „Gern. Ich brauche nur Ihren Ausweis." Den hat Rainer erst recht nicht dabei: „Der liegt im Zimmer. Hören Sie, Zimmer 725, mein Name ist ..." – „Nicht so schnell, mein Herr. Den kann ja auch jemand anders bei Ihrer Anreise oder beim Frühstück mitgehört und sich Ihre Zimmernummer gemerkt haben. Wir wollen doch nicht fremden Leuten Ihre Schlüssel geben, die dann Ihre Sachen mitnehmen ..." Rainer beginnt, sich aufzuregen: „Meine Güte, es ist alles im Zimmer, ich hab nichts dabei!"

Mitten im Satz steht Andrea neben ihm: „Entschuldigen Sie bitte, reichen vielleicht Kopien von unseren Reisepässen? Hier ist der von meinem Mann, auf dem Foto können Sie ihn gut erkennen."

Zwei Minuten später haben die beiden neue Schlüsselkarten – Andrea war schon immer diplomatisch geschickter und kommt besser mit moderner Technik zurecht als Rainer. „Sag mal, wo hast du denn plötzlich die Passkopien her?" – „Du hattest mir doch zu Hause ganz stolz gezeigt, wie du ein paar Dokumente in der Cloud gespeichert hast. Bevor wir mit dem Sicherheitsdienst nach oben gehen und der das unordentliche Zimmer sieht, während wir die Pässe aus dem Safe holen, habe ich eben am Hotel-PC die Kopien geöffnet und gedruckt. Ist doch ganz praktisch, im Ausland eine Passkopie dabei zu haben und die Originale im Zimmersafe zu lassen."

Rainer ist verdutzt „Ich hätte das Passwort jetzt gar nicht mehr gewusst ..." – „Das musst du dir halt gut merken, mein Schatz, und auch welche Webadresse du im Browser eingeben musst, um an die Daten ranzukommen. Aber wir sind eben ein gutes Team – du hast daran gedacht, das alles für uns vorzubereiten und mir das gezeigt. Ich habe mir gemerkt, wie man es benutzt und welches Passwort wir haben."

Mit vielen Cloud-Diensten können Sie von überall auf Ihre Daten zugreifen – z.B. auch vom Hotel-PC aus, wenn Sie Ihr Smartphone im Zimmer vergessen haben oder der Akku Ihres Notebooks oder Tablets leer ist. Sie müssen nur erstens wissen, was Sie dort in den Internet-Browser eintippen müssen (welche Webadresse), und zweitens Ihren Benutzernamen und Ihr Passwort. Am besten auswendig.

Vorsicht an öffentlichen Computern

Achten Sie bei öffentlichen PCs (z.B. Hotel-PC, Internet-Café) unbedingt darauf, sich korrekt wieder abzumelden, damit nicht der Nächste, der den gleichen PC benutzt, Ihre Daten sieht. Viele Hotels haben im Business-Center professionell ausgerüstete PCs, bei denen Sie sich für jede Benutzung neu anmelden müssen. Beim Abmelden löscht das Gerät den Browser-Verlauf sowie alle eingegebenen und hinterlegten Daten.

In einfacheren Hotels und Internet-Cafes lauern jedoch verschiedene Gefahren: Zum Beispiel können andere Benutzer von Ihnen eingegebene Daten später wieder sichtbar machen (über Funktionen zum automatischen Ausfüllen von Formularfeldern und die Verlauf-Funktion des Webbrowsers). Oder der fremde Computer ist mit Schadsoftware infiziert, die Ihre Eingaben mitprotokolliert.

Nutzen Sie daher fremde PCs nicht für persönliche Daten, wenn Sie Zweifel bezüglich der Sicherheit haben. Sie brauchen es mit der Vorsicht aber auch nicht zu übertreiben: Den Wetterbericht oder Zugfahrpläne können Sie bedenkenlos überall aufrufen.

Kopieren Sie wichtige Dokumente für alle Fälle in die Cloud

Ob als Kopie für alle Fälle, um das Original sicher zu Hause oder im Hotelsafe zu lassen, oder einfach, um nicht lange suchen zu müssen: Kopieren Sie wichtige Dokumente in die Cloud, dann haben Sie sie unterwegs immer dabei, z.B.:

- Führerschein, Reisepass und Personalausweis
- Reiseübersichten mit Flugdaten, Reservierungsbestätigungen und Hoteladressen – die können Sie auch für andere freigeben.
- Versicherungsbedingungen und Telefonnummern für Reiserücktrittskosten-, Gepäckverspätungs-, Mietwagen-Vollkasko- sowie Auslandsreisekrankenversicherung
- Telefonliste Ihrer Verwandten, Freunde und wichtiger Servicenummern, falls der Akku leer ist oder Sie Ihr Handy verlieren

Im Notfall – Versicherungsbedingungen nachlesen

Sie können auch anrufen und fragen, falls Sie etwas aus den Versicherungsbedingungen wissen wollen. Aber: Wenn wegen eines Streiks, einer Aschewolke oder Schneestürmen Flüge gestrichen werden, betrifft das auch Zehntausende andere gleichzeitig, so dass die Servicenummern oft überlastet sind und Sie lange Wartezeiten haben. Auch sind manche Versicherungen sehr kulant und korrekt, während andere am Telefon bewusst oder durch einen Irrtum des entsprechenden Mitarbeiters falsche Auskünfte geben und berechtigte Ansprüche zurückweisen. Daher ist es gut, im Ernstfall selber auf dem Tablet/Smartphone nachschlagen zu können: So wissen Sie auch ohne Wartezeit am Telefon und außerhalb der Servicezeiten, was Ihre Rechte sind.

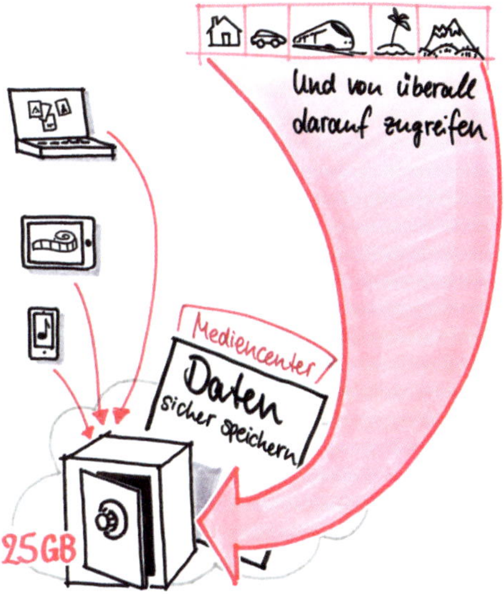

Dokumente in der Cloud – von überall zugänglich

Wissen, was im Kleingedruckten steht

Nachmittags holen Andrea und Rainer ihren Mietwagen ab. Natürlich ist das gebuchte Fahrzeugmodell nicht verfügbar, als Ersatz sollen die beiden zum gleichen Preis einen Van bekommen. „Wie sollen wir das Ding denn in der Innenstadt einparken?", fragt Andrea und weckt damit Rainers sportlichen Ehrgeiz. „Ach, das mach ich schon ... Aber warte mal kurz ..." Er zückt sein Smartphone und liest etwas in einem Dokument, das er zu Hause hochgeladen hatte.

Danach ist er mit dem Tausch nicht mehr einverstanden: „Wir haben den Wagen für zehn Tage im günstigen Paketpreis, der ist ohne Teil- oder Vollkaskoversicherung. Die ist nämlich über meine Kreditkarte abgedeckt, aber in den Versicherungsbedingungen steht ‚nur für Fahrzeuge mit maximal sieben zugelassenen Sitzplätzen', und der hat acht! Wenn wir den akzeptieren, ist er nicht versichert. Gut, das ich mir das zu Hause schon mal angeschaut hatte und gerade gemerkt habe! Wir müssten zusätzlich eine Versicherung dazu buchen, und gerade das wird bei diesem Paketpreis teuer."

> Für eine Gepäckverspätung ist Ihnen der relativ geringe Schaden vielleicht den Aufwand nicht wert. Aber zumindest dort, wo es teuer werden kann (z.B. Mietwagen-Haftpflicht/-Kaskoschaden, Reiserücktritt für teurere Reisen, Auslandsreisekrankenversicherung), sollten Sie sich grob mit den Versicherungsbedingungen vertraut machen, damit Sie wissen was Sie vermeiden müssen. Die Details können Sie in die Cloud legen und dann später nachlesen, falls es nötig wird.

Mit der nötigen Portion Diplomatie sorgt Andrea dafür, dass sie statt des Vans einen niedlichen Kleinwagen als Ersatzfahrzeug bekommen. Das lohnt sich auch beim Einparken in der Hotelgarage ...

Heute geht es für die beiden erst mal per U-Bahn weiter, in der Innenstadt ist das angenehmer. Andrea entdeckt im Hotel einen U-Bahn-Plan zum Mitnehmen und will ihn gleich mit Ihrem Smartphone abfotografieren: „Oh super, den können wir ..." – „... bequem in die Tasche stecken! Es muss ja nicht alles in die Cloud", ergänzt Rainer augenzwinkernd.

Wie bringen Sie Papierdokumente in die Cloud?

PDF-Dateien mit Versicherungsbedingungen oder Word-Dokumente mit Adresslisten laden Sie einfach in die Cloud hoch. Eine Schritt-für-Schritt Anleitung zu allen Beispielen in diesem Buch finden Sie zusammen mit weiterführenden Videos unter www.cloud-clever-nutzen.de.

Wichtige Informationen aus unterschiedlichen E-Mails oder von Webseiten (etwa Reisepläne, Flugbestätigungen) können Sie z. B. gesammelt in eine PDF-Datei drucken oder sie kopieren und in ein Word-Dokument einfügen. Aber was machen Sie mit Papierdokumenten?

Abfotografieren

Die einfachste Methode, um Papierdokumente in ein elektronisches Format umzuwandeln: Sie nehmen einfach Ihr Smartphone und fotografieren die Seite(n) ab. Die Kameras in modernen Smartphones sind bereits so gut, dass Sie eine DIN-A4-Seite damit gut lesbar abfotografieren können. Sorgen Sie für ausreichend Licht – der Blitz stört meist, wenn Sie ein Dokument abfotografieren wollen. Deaktivieren Sie ihn lieber und legen Sie das Dokument ins Licht oder nehmen Sie eine Schreibtischlampe zu Hilfe. Vom Smartphone laden Sie das Bild einfach direkt in die Cloud oder verschicken es per Mail.

Falls Sie häufiger Dokumente abfotografieren: Spezielle Scanner-Apps für Ihr Smartphone helfen Ihnen bei der Bildoptimierung, um Texte besser lesen zu können, und speichern solche Scans getrennt von „echten Fotos" (z. B. nicht zusammen mit den anderen Fotos im iPhone-Fotostream). In EverNote können Sie Fotos und eingescannte Dokumente mit ergänzenden Notizen versehen und speichern (siehe Abschnitt „Do you remember: Notizen und den Hit aus dem Taxi zu Hause wiederfinden").

Ersatzweise können Sie auch Ihre Digitalkamera verwenden (laden Sie das Bild mit Ihrem PC in die Cloud).

Visitenkarten oder kleine Textausschnitte abfotografieren

Manche Kameras können kleine Motive nicht scharf abfotografieren. Wenn Ihre Kamera z. B. die Visitenkarte eines tollen Restaurants, das Sie im Urlaub entdeckt haben, nicht gut wiedergibt, versuchen Sie es aus etwas Distanz und fotografieren Sie eine größere Fläche ab. Legen Sie also z. B. die Visitenkarte auf ein DIN-A4-Blatt und nehmen Sie das ganze Blatt ins Bild. Manche Smartphone-Kameras brauchen einen Mindestabstand, um das Motiv scharf abzubilden – wenn Sie den Abstand vergrößern, wird das gesamte Bild scharf und Sie können die Visitenkarte gut lesen, wenn Sie den entsprechenden Bildausschnitt vergrößern.

Scannen

Wenn die Qualität besonders gut werden soll, die Vorlage sehr kleine Schrift enthält oder es um mehr als zehn Seiten auf einmal geht, hilft Ihnen ein Scanner. Sie legen ein Blatt Papier, ein Buch oder ein Foto auf das Gerät, drücken eine Taste und der Scanner verwandelt die Vorlage in ein elektronisches Format (z.B. eine .pdf-Datei). Falls Sie keinen Scanner zu Hause haben, können Sie vielleicht einen im Büro nutzen – eventuell sogar mit automatischem Vorlageneinzug für 50 Seiten auf einmal.

Auch Ihr Faxgerät zu Hause können Sie in einen Scanner umfunktionieren: Richten Sie sich bei Ihrem E-Mail-Anbieter eine Nummer für eingehende Faxe ein, die dann in ein elektronisches Format (meist .pdf oder .tif) umgewandelt und an Ihr E-Mail-Postfach gesendet werden. Je nach E-Mail-Anbieter heißt diese Funktion z.B. „Fax & Voice"/„Mail-to-Fax" (funktioniert auch in die umgekehrte Richtung).

Hallo sagen – Fotos ohne E-Mail nach Hause senden

Drei Tage später haben Andrea und Rainer die Umgebung von Madrid erkundet und viele Fotos gemacht.

Wie kommen Ihre Fotos in die Cloud?

Andrea hat auf ihrem iPhone eine App (ein Programm) installiert, mit dem sie direkt auf ihren Online-Speicherplatz in der Cloud zugreifen kann. Bei ihr heißt er „Mediencenter", die

Bezeichnung kann je nach Anbieter ganz verschieden lauten, z. B. „Google Drive", „HiDrive", „SkyDrive" oder „virtuelle Festplatte". Aus der App kann sie mit ihrem iPhone geknipste Fotos ins Mediencenter hochladen, Ordner (wie im Windows-Explorer) zum Sortieren/Aufräumen ihrer Bilder erstellen und Fotos zwischen den Ordnern verschieben.

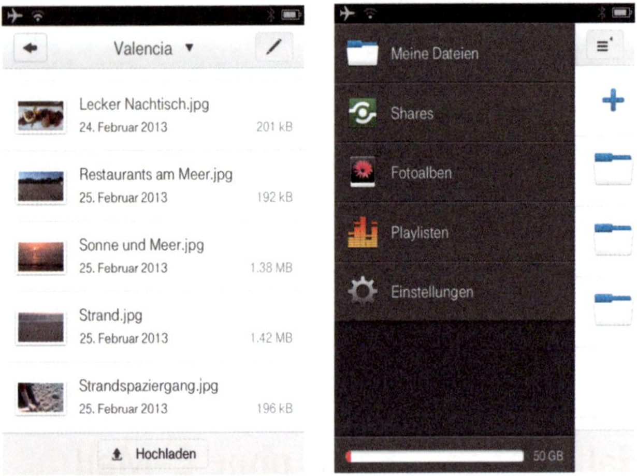

Mit dem Smartphone Bilder in Cloud-Ordnern organisieren

Auch die vollautomatische Variante ist möglich („Photo auto upload"/„Kamera-Upload"): Wenn Sie das wollen und es in den Einstellungen Ihres Smartphones oder in den Apps freigeben, können Sie jedes neu aufgenommene Foto und Video im Hintergrund automatisch in die Cloud hochladen lassen. Das funktioniert z. B. mit Dropbox (iOS/Android) und der Telekom Mediencenter App (Photo auto upload zur Zeit nur für Android). Sie müssen dann die Bilder nicht mehr manuell in einer separaten App wählen und hochladen, sondern einfach nur fotografieren: Jedes neue Bild wird dabei direkt in die Cloud geladen.

Rainer hingegen schwört auf seine Profikamera: „Richtig schöne Fotos von Sonnenuntergängen, bei Gegenlicht oder in nicht so gut beleuchteten Ecken von Museen, das wird nichts mit dem Smartphone. Da lobe ich mir meine digitale Spiegelreflexkamera." – „Die musst du ja immer extra mitschleppen, dann die Speicherkarte rausnehmen, die Bilder auf den PC kopieren ...", neckt ihn Andrea. „Das sind mir gute Fotos wert! Meine Speicherkarten kann ich mit dem Hotel-PC auslesen und von dort die Bilder in mein Mediencenter hochladen." Andrea schmunzelt: „Wenn du dann wieder wie im letzten Urlaub die Speicherkarten irgendwo liegen lässt, hast du wenigstens die Bilder in die Cloud gerettet."

Wie können Ihre Freunde und Verwandten die Fotos sehen?

„Komm, die Bilder vom Königspalast und der Biblioteca Nacional geben wir gleich mal für alle zu Hause frei!", freut sich Andrea. Mit ein paar Mausklicks hat sie die Bilder am Hotel-PC in ihrem Mediencenter markiert und kopiert sie in einen sogenannten Share, einen freigegebenen Ordner, auf den auch andere Personen Zugriff haben (das hätte sie übrigens auch ohne PC direkt mit der Smartphone-App erledigen können). Sie wählt die Mail-Adressen von einigen Freunden und Verwandten aus ihrem Adressbuch, um eine E-Mail mit einem Link zum Ansehen der Bilder an alle gewählten Personen zu schicken. Die anderen müssen dabei nicht Kunde des gleichen Dienstes oder Anbieters sein, sondern einfach nur den Link in der E-Mail anklicken.

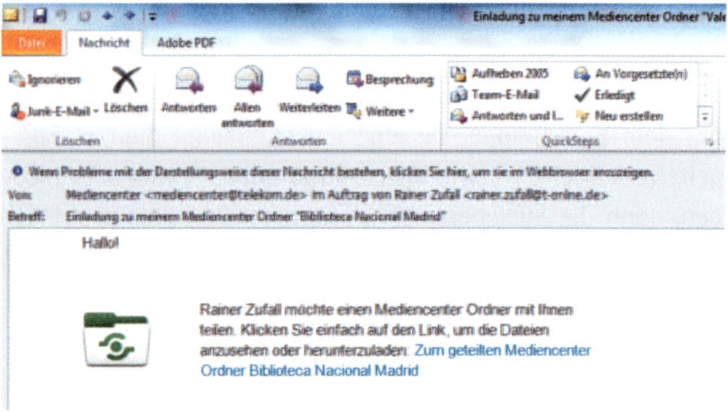

Mit der Funktion Share werden Bilder zur Ansicht freigegeben

Fotos ohne PC, Tablet oder Smartphone ansehen

„Sogar meine Eltern können die Fotos jetzt gleich sehen!", freut sich Rainer. „Aber deine Eltern wollten doch keinen PC, weil ihnen das alles zu kompliziert ist", wundert sich Andrea. „Ich habe die beiden am Sonntag noch besucht und ihren Entertain-Receiver so eingerichtet, dass sie alle Bilder, die ich freigebe, auf dem Fernseher ansehen können."

„Aber du schickst doch per E-Mail einen Link, wie kommt man denn da ran, wenn man keine Mails empfangen kann?", fragt Andrea weiter. Rainer ist ganz stolz: „Ich musste zwar eine Mailadresse für meine Eltern einrichten, die ich als Empfängeradresse verwende, um den Ordner freizugeben. Aber mein Mediencenter merkt, wenn ich jemanden einlade, der ein Mediencenter beim gleichen Anbieter hat. Die beiden müssen die E-Mail also nicht mal öffnen, sondern können die für sie freigegebenen Dateien sofort in ihrem eigenen Mediencenter sehen. Den Entertain-Receiver habe ich ihnen für digitales Fernsehen eingerichtet und ihn am Sonntag mit der Cloud verbunden. Jetzt musst du nur auf die Menütaste der Fernbedienung drücken, ‚Medienwelt' auswählen und dann in ‚TV-Apps' das ‚Mediencenter', dann hast du die Bilder aus der Cloud auch auf dem Fernseher. Das hat meinen Eltern gefallen: Ich hab ihnen einmal gezeigt wie es geht – schon konnten sie es." Rainer greift zum Telefon und ruft seine Eltern an. Die beiden freuen sich zu hören, dass er und Andrea gut angekommen sind und schauen gespannt die Fotos an.

For your eyes only: Fotos/Dateien für bestimmte Personen freigeben

Rainer war schon immer lieber etwas vorsichtiger: Fotos, auf denen nicht nur Landschaften oder Sehenswürdigkeiten, sondern auch Andrea und er zu erkennen sind, möchte er nicht mit einem öffentlichen Link freigeben, sondern zusätzlich schützen. Er setzt daher beim Erstellen des Shares (des für andere freigegebenen Ordners) ein Passwort.

Wenn er jetzt einen seiner Freunde zu diesem Share einlädt, bekommt dieser nicht nur einen Zugriffslink, sondern in einer zweiten E-Mail auch das zum Öffnen des Shares jetzt zusätzlich benötigte Passwort zugeschickt.

Rainers Freund Andy hat einen Mediencenter-Zugang beim selben Cloud-Anbieter. Da er dort mit der E-Mailadresse angemeldet ist, an die Rainer die Einladung versandt hat, braucht er das Passwort nicht nochmal einzugeben: Das Mediencenter hat beim Versenden der Einladung Andys Adresse erkannt, das Passwort gespeichert und zeigt den Share jetzt automatisch zusätzlich zu Andys eigenen Ordnern in seinem Mediencenter an (sobald er dort mit seinem eigenem Passwort eingeloggt/angemeldet ist).

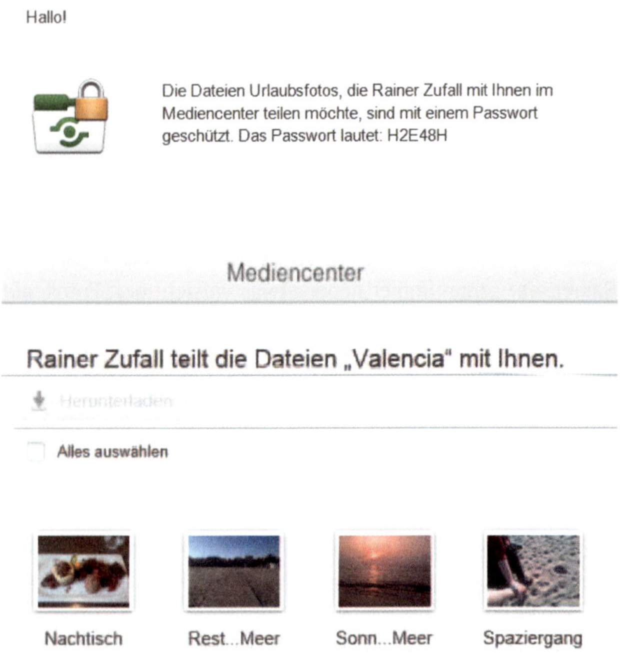

Der passwortgeschützte Bildordner öffnet sich automatisch, wenn der Adressat beim selben Anbieter angemeldet ist

Videos/Dokumente freigeben: so einfach wie Fotos

Statt Fotos können Sie auch Videos oder Dokumente (mit oder auch ohne Zugangspasswort) freigeben – z.B. Ihren Reiseplan, die Hoteladressen und Buchungsbestätigungen oder die Daten der Reiserücktrittskostenversicherung. Falls Sie dann im Ausland festhängen, haben Freunde oder Familienmitglieder alle wichtigen Dokumente gleich zur Stelle und können Ihnen von Deutschland aus helfen.

Bleiben Sie aber lieber einfach gesund und teilen Sie dann schöne Urlaubsvideos mit den Daheimgebliebenen – oder mit anderen Urlaubern, die Sie unterwegs getroffen haben.

Spanien in 14 Tagen: Reiseführer als E-Books

Im Büro muss Rainer immer viel organisieren, so dass er auch im Urlaub nervös wird, wenn es nichts zu planen gibt: „Lass uns mal überlegen, was wir unterwegs noch so alles ansehen können. Vielleicht könnten wir ja auf unserem Weg nach Valencia heute Mittag etwas Spannendes entdecken?" – „Ach nöö", murmelt Andrea, „lass uns lieber ohne Pause durchfahren und dafür etwas länger in Valencia am Strand bleiben. Warum sollen wir uns denn im Urlaub abhetzen? Wir sind zum Entspannen hier!" – „Ach ...", seufzt Rainer enttäuscht und Andrea kommt eine Idee: „Was hältst du davon, wenn du dir einen Reiseführer kaufst? Dann kannst du fleißig Sehenswürdigkeiten auswählen, während ich ohne irgendwas anderes zu tun die Sonne genieße, und vielleicht entdeckst du einen spannenden Tipp in der Nähe unserer Hotels!"

E-Books in der Cloud: Sofort geliefert

Gesagt, getan. Rainer schnappt sich das iPad, sucht kurz, und kauft dann den „Lonely Planet Spanien" als E-Book sowie die Marco-Polo-Reiseführer „Barcelona" und „Madrid" – vielleicht findet er darin noch Tipps für den Tag vor dem Rückflug.

E-Books wiegen nichts

„Super! Meine zwei Koffer habe ich ja bis zum letzten Millimeter vollgepackt, aber E-Books brauchen keinen extra Platz, wiegen nichts und ich kann sofort nach dem Kauf anfangen zu lesen. Vielleicht finde ich ja noch ein paar mehr ..." Andrea hat in der Zwischenzeit den Roman „Die verlorenen Spuren" von Kate Morton auf ihrem Smartphone als E-Book gekauft und heruntergeladen. „Jetzt lass uns endlich losfahren, ich möchte noch am Strand ankommen, bevor die Sonne untergeht!"

Auch offline verfügbar

„Was ist, wenn ich am Strand keinen Internet-Empfang habe?", grübelt Rainer. „Macht nichts. Lad die E-Books jetzt einfach runter, dann kannst du sie auch offline ohne Internet lesen. Und dann können wir endlich los!".

> Je nach E-Book-Anbieter und Lesegerät (z. B. Amazon Kindle, *tolino shine*, Samsung Galaxy Tab, Macbook Air, Blackberry Playbook, iPhone) werden gekaufte Bücher entweder automatisch auf das Lesegerät übertragen oder Sie müssen zuerst die Lese-App, also das Programm des E-Book-Anbieters starten. Vielleicht müssen Sie dort erst einmal das entsprechende Buch öffnen, bevor es heruntergeladen wird und sie es unterwegs im Zug oder an Orten ohne Internetverbindung weiter lesen können.

Do you remember: Notizen und den Hit aus dem Taxi zu Hause wiederfinden

Während Andrea das Meeresrauschen genießt und Ihren Roman zwischendurch auch mal beiseitelegt, um die Augen zu schließen, verschlingt Rainer jedes Wort in seinen Reiseführern. Dabei macht er fleißig Notizen auf seinem iPhone.

Notizen schnell wiederfinden

Abends im Restaurant berichtet er Andrea von seinen Entdeckungen, während die beiden aufs Essen warten: „Schau, was ich alles gefunden habe, das wir uns auf der Fahrt an der Küste nach Barcelona ansehen können!" Andrea wählt aus seinen dutzenden Vorschlägen einige aus, damit die beiden nicht nur durch die Gegend hetzen, sondern der Urlaub entspannt bleibt. Rainer setzt in seinen Notizen entsprechend das Stichwort „diesmal ansehen" bzw. „nächstes Mal". Er will nächstes Jahr unbedingt wiederkommen, es gibt noch so viel zu sehen.

„Das ist für mich bisher die tollste Sache an der Cloud", sagt Rainer, während er Andrea sein elektronisches Notizbuch zeigt: „Früher habe ich immer alles auf Zettel geschrieben. Die habe ich dann verschlampt oder konnte sie später nicht mehr lesen. Jetzt gebe ich einfach alles in mein Smartphone ein, das habe ich eh immer dabei ..." Andrea unterbricht ihn schmunzelnd: „... und mit Stichworten wie ‚Valencia', ‚Restaurant-Tipps' – oder noch besser, ‚Geschenkideen für Schatzi'

– findest du nachher alles sofort wieder, obwohl du sonst so ein Chaot bist!" – „So schlimm bin ich auch nicht, ich weiß doch fast immer, wo alles liegt … Also die Stichwörter sind wirklich praktisch. Ich kann auch direkt Fotos einfügen. Wenn ich die Visitenkarte vom Restaurant oder einen Zeitschriftenartikel abfotografiere, wird sogar eine Texterkennung ausgeführt. Dann kann ich später nach Wörtern suchen, die im Bild vorkommen, ohne etwas abtippen zu müssen …"

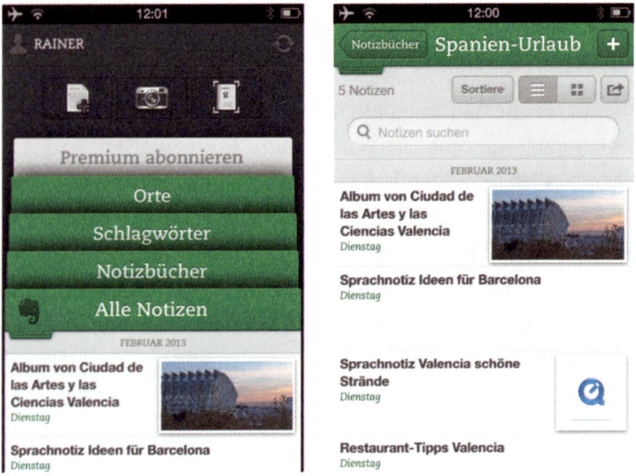

In die Notizen lassen sich Fotos/Sprachdateien einfügen

„Vorhin dachte ich schon, du führst plötzlich Selbstgespräche. Aber du hast einfach nur eine Notiz aufgesprochen, weil du zu faul zum Tippen bist!", neckt ihn Andrea. „Das geht doch so viel schneller. Wenn ich einfach eine Sprachnotiz speichern kann, kann ich mich ganz auf den Gedankengang konzentrieren, ohne ewig auf der Bildschirmtastatur rumzusuchen."

> Damit Sie tolle Ideen, Restaurant-Tipps usw. auch Monate und Jahre später noch blitzschnell wiederfinden, nehmen Sie sich einmal die Zeit, in Ihrem elektronischen Notizbuch Ordnung zu schaffen, also z. B. Notizbücher und Seiten sinnvoll zu benennen und zu strukturieren. Geben Sie zu jeder Notiz passende Stichwörter ein (je nach Programm auch „Schlagwörter" oder „Kategorien" genannt) – ein irgendwo in die Notiz getipptes Wort ist die einfachste Variante, die dank elektronischer Volltextsuche sogar brauchbar ist: Sie suchen z. B. das Wort „Barcelona" und sofort sehen Sie alle 17 Notizen der letzten acht Jahre, die dieses Wort enthalten.

Notizen auf mehreren Geräten synchron halten

„Weil alles in der Cloud gespeichert wird, kann ich am iPad alles wieder aufrufen und Stichwörter eingeben, dort geht das Tippen einfacher als auf dem Smartphone. Später, am PC oder auf dem Notebook, kann ich leichter viel Text eingeben und habe am größeren Bildschirm den optimalen Überblick. Das Smartphone habe ich zum Eingeben und Nachschlagen immer dabei. Zwischen den Geräten ist dank der Cloud immer alles auf dem gleichen Stand. So ein Notizsystem habe ich mir schon immer gewünscht!", freut sich Rainer.

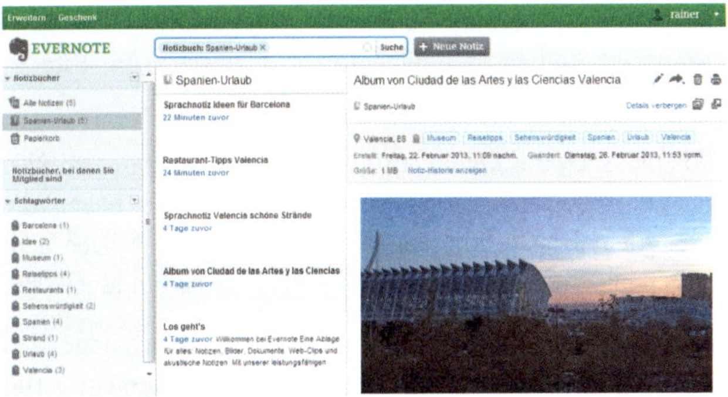

Smartphone-Notizen am PC bearbeiten

> Notizsysteme mit Cloud-Anbindung sind praktisch, um sich Ideen zu merken, den nächsten Urlaub oder eine Feier zu planen. Im Abschnitt „Die Hochzeitsfeier: Notizen, Fotos und Videos teilen" lesen Sie, wie Sie mit so einem Notizsystem (z. B. Evernote oder OneNote) planen und Daten auch für andere freigeben.

Wie heißt dieser Song im Radio?

Zwei Wochen können ganz schön schnell vorbei sein. Für Andrea und Rainer gab es so viel Spannendes zu sehen, dass die Zeit wie im Flug vergangen ist. Jetzt sitzen sie im Taxi und haben einen Fahrer erwischt, der zwar weder Deutsch noch English spricht, aber verstanden hat, dass die beiden zum Flughafen wollen. Im Radio läuft ein Sender, der den beiden gut gefällt.

„Was ist denn das für tolle Musik? Die habe ich bei uns zu Hause noch nie gehört!", erkundigt sich Rainer. „Weiß ich auch nicht", sagt Andrea und wendet sich an den Fahrer „Excuse me, what's the name of this song?" „No ingles!", zuckt der Taxifahrer die Schultern. „Musica bien! Cual musica?", fragt Andrea in rudimentärem Spanisch. „Ah! Esto es bachata. Me gusta mucho la bachata!"

„Das muss ich mir unbedingt für zu Hause aufschreiben. Also wie heißt das?", will Rainer wissen. Allerdings haben die beiden leider keine Ahnung, wie sie auf Spanisch nach dem Namen des Songs fragen können – Bachata ist ein Musikstil.

Aber Andrea hat eine Idee. Sie zückt ihr Smartphone und startet ein Musikerkennungsprogramm: „Einen Moment ... Ha! Das Lied heißt ‚Por Un Segundo' und ist von einer Gruppe namens ‚Aventura'. Ich habe hier eine App, die das erkennt. Leite ich dir direkt per Mail weiter, dann musst du es nicht abtippen! Gefällt mir übrigens auch gut, der Song, und der nächste hier jetzt auch." Rainer legt gleich die nächste Notiz an: „Klasse! Ich leg mir das in Evernote, damit ich zu Hause dran denke. Das Album will ich mir kaufen."

> Um einen Song zu erkennen, helfen Apps wie Shazam oder SoundHound. Wenn jemand eine Melodie nachsummt, klappt das zwar nicht, aber sobald ein Titel im Radio, Fernsehen oder von CD läuft, wird er zuverlässig erkannt – sogar von Ihrem Urlaubsvideo, das Sie in einem Restaurant aufgenommen haben, in dem das Lied im Hintergrund gelaufen ist. Halten Sie Ihr Smartphone zum Erkennen einfach vor den PC, während Sie das Video abspielen.

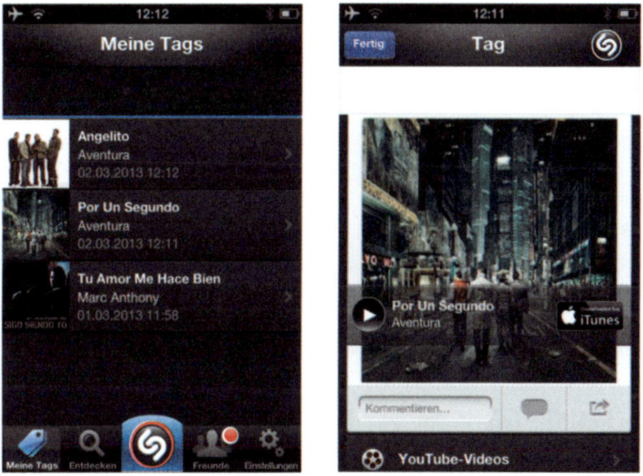

Eine App wie Shazam identifiziert Musiktitel/Interpreten

Auf einen Blick: Die Cloud im Urlaub

- Kopieren Sie wichtige Dokumente in Ihr Cloud-Mediencenter, dann können Sie überall darauf zugreifen.
- Merken Sie sich Ihr Passwort und die Adresse der Webseite zum Zugriff auf Ihr Mediencenter – für den Zugriff vom Hotel-PC müssen Sie beides wissen.
- Achten Sie bei fremden PCs unbedingt darauf, sich wieder korrekt abzumelden und beachten Sie die Sicherheits-Tipps im Kapitel „Die Geschäftsreise: Mit der Cloud auf Nummer sicher"!
- Papierdokumente können Sie einfach scannen oder mit Ihrem Smartphone abfotografieren und dann hochladen.
- Um Fotos und Videos an Freunde zu schicken, erstellen Sie einen „Share" (freigegebener Ordner).
- Bei Bedarf schützen Sie den Share mit einem Passwort.
- E-Books sind sofort nach dem Kauf auch offline verfügbar und brauchen keinen extra Platz im Gepäck.
- Mit einem Cloud-Notizbuch (z.B. Evernote oder OneNote) haben Sie Ihre Notizen inklusive Bildern und Fotos immer auf allen Geräten dabei: Sie können auf dem iPhone Notizen eingeben und am PC Ergänzungen dazu tippen.

Um zu den Anleitungen im Internet zu gelangen, scannen Sie einfach den nebenstehenden QR-Code oder öffnen Sie die Seite www.cloud-clever-nutzen.de.

Rainer blickt durch: Private Daten im Büro

Rainer kommt gut erholt zurück ins Büro und nimmt tapfer den Kampf gegen einige hundert E-Mails auf, die sich während seines Urlaubs angesammelt haben. Er beginnt mit Besprechungsanfragen, die Outlook entsprechend in seinen Kalender einträgt. In der Kaffeepause schaut er in der Kantine auf seinem iPhone die Termine durch: Alle Änderungen aus Outlook sind sofort auf dem iPhone angekommen.

Seine privaten Termine hat er noch nicht so gut sortiert – manchmal vergisst er Verabredungen oder sagt Zeiten zu, die er schon anders verplant hatte. Höchste Zeit, dass er hier etwas ändert.

Entdecken Sie mit Rainer in diesem Kapitel, wie Sie im Büro auch Ihre privaten Termine sehen, ohne sie in Ihren Firmenkalender einzutragen, wie Sie Ihre privaten Adressen, Termine und E-Mails überall dabei haben und automatisch mit Ihrem Smartphone synchronisieren, und wie Sie Ihre privaten Kalender für Ihre Familie freigeben und Zeitungen bequem elektronisch in die Tasche stecken.

Private Termine, Adressen und Mails im Büro nutzen

In Rainers Mails warten auch Terminanfragen von Kunden, die nächste Woche auf einer Messe in Stuttgart sein werden. Die Messe ist für ihn zwar nicht so wichtig, doch er könnte dort mehrere Kunden treffen und sich dadurch einzelne Anreisen sparen. Damit wäre er aber nächste Woche am Freitagabend und den ganzen Samstag dienstlich unterwegs. Hatte er an diesem Wochenende jetzt schon private Termine oder nicht?

Seinen Taschenkalender hat er mal wieder zu Hause liegen gelassen. Das passiert ihm häufiger, etwa wenn er beim Fußballtraining ist und genau dann einer seiner Freunde fragt, wann er Zeit hat. So schreibt er seine Privattermine zwischendurch manchmal auf Zettel, die er mitunter verliert oder übersieht ...

Terminkalender elektronisch führen

„Warum habe ich eigentlich meine Kundentermine so gut im Griff?", fragt sich Rainer. Die Antwort ist recht simpel: „Weil ich die konsequent in Outlook eintrage und Outlook jede Änderung gleich an mein iPhone schickt. Das habe ich wirklich immer dabei – ohne mein Telefon gehe ich nicht aus dem Haus. Wenn ich unterwegs Termine im iPhone-Kalender ändere, aktualisiert sich entsprechend mein Outlook-Kalender im Büro. Das müsste es doch auch für meine privaten Termine geben, obwohl ich sie nicht im Firmenkalender eintragen will."

Er öffnet im Internet-Browser sein privates E-Mail-Konto – und fragt sich, was die kleinen bunten Schaltflächen bedeuten, die er bisher immer ignoriert hatte. Wenn er den Mauszeiger kurz darauf parkt, öffnen sich Hinweistexte: „Adressbuch", „Kalender" und „Sync-Plus". Klingt doch genau nach dem, was er gesucht hat. Das wird er heute nach Feierabend näher erkunden.

Private Termine per Cloud im Büro

Am nächsten Morgen kommt Rainer ins Büro und sagt als Erstes die Termine auf der Messe zu. Danach öffnet er im Internet-Browser seinen privaten Kalender, in den er gestern Abend gleich alle privaten Termine für die nächsten Wochen elektronisch eingetragen hat. Die Dienstreise zur Messe trägt er sofort ein, damit er nicht versehentlich ein Treffen mit Freunden zu Hause ausmacht, während er in Stuttgart ist.

Private Kalender freigeben

Er ruft gleich Andrea an, um ihr seine Entdeckung mitzuteilen: „Schatz, hast du gerade ein paar Minuten Zeit für mich?" – „Aber klar! Wie geht's dir?", antwortet sie. „Mir geht's prima! Ich habe gerade was entdeckt: Für meine Kollegen kann ich meinen Outlook-Kalender freigeben ..." – „Das wusstest du vorher noch nicht?", unterbricht Andrea ihn erstaunt.

„Doch! Ich bin zwar nicht so fit wie du mit Technik, aber das wusste ich natürlich schon lange", antwortet Rainer ein bisschen beleidigt und fügt gleich hinzu: „Was ich jetzt herausgefunden habe, ist: Das geht nicht nur in der Firma, sondern ich kann auch für dich meinen Kalender mit meinen privaten Terminen freigeben, seitdem ich ihn in der Cloud speichere! Du gehst in deinem Outlook einfach auf ‚Ordner' und dann auf ‚Kalender öffnen', schon kannst du meine Termine zusätzlich zu deinen in einer anderen Farbe einblenden. Das geht in deinem Outlook im Büro und zu Hause!"

> Normalerweise werden Sie Ihren dienstlichen Outlook-Kalender nicht einfach für Ihre Familie freigeben dürfen. Vielleicht dürfen Sie aber Ihren privaten Kalender zusätzlich in Outlook oder zumindest auf Ihr Smartphone laden – wenn nicht, müssen Sie zwischen Outlook und Ihrem Kalender im Webbrowser hin- und herschalten. Bedenken Sie bitte, dass Ihre Kollegen die Termine aus Ihrem privaten Kalender – anders als privat markiert Termine in ihrem dienstlichen Kalender – nicht als gebuchte Zeiten sehen. Sie müssen also selbst darauf achten, Besprechungsanfragen zu unpassenden Zeiten abzusagen oder zu verlegen.

Andrea freut sich: „Mensch, dass wir da vorher nicht drauf gekommen sind! Wenn einer von uns etwas planen will und den anderen gerade telefonisch nicht erreicht, kann er schnell in seinen Kalender schauen. Wenn du jetzt Dienstreisen, die abends länger gehen oder einen Teil vom Wochenende beinhalten, auch einträgst, kann ich meine Treffen mit Julia auf diese Zeiten legen. Dann haben du und ich mehr gemeinsame Zeit, weil nicht immer der eine zu Hause ist, wenn der andere unterwegs ist und umgekehrt!"

Rainer fügt hinzu: „Ich habe meinen freigegebenen privaten Kalender auch in meinem Firmen-Outlook eingeblendet. Jetzt sehe ich, wenn wir etwas Gemeinsames geplant haben, und werde in Zukunft nicht mehr versehentlich zwei Wochen vorher einen Kundentermin genau auf diese Zeiten legen."

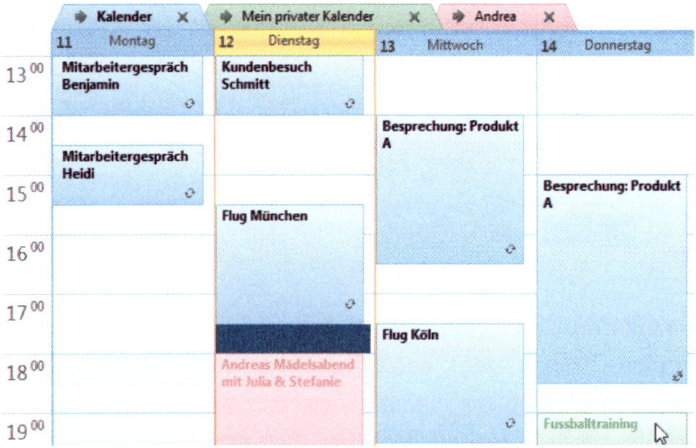

Verschiedene Farben je nach Quell-Kalender

Beiden gefällt dieser Plan gut: Sie geben sich gegenseitig ihren privaten Cloud-Kalender frei, so dass Andrea Rainers Termine sieht und umgekehrt. Rainer kann in seinem dienstlichen Outlook jetzt mit einem Klick die Kalender ein- und ausblenden und sieht (siehe Abbildung):

- in blau die Termine aus seinem dienstlichen Kalender der Firma (die für seine Kollegen freigegeben sind, aber nicht für Andrea),
- in grün seine privaten Verabredungen aus seinem privaten Kalender (die über die Freigabe auch für Andrea sichtbar sind, aber nicht für Rainers Kollegen),
- in hellrot die privaten Termine von Andrea (da sie ihm ihren privaten Kalender freigegeben hat).

Als Mailprogramm nutzen die meisten Firmen Microsoft Outlook mit einem Exchange-Server. Outlook bietet differenzierte Möglichkeiten, den Kalender freizugeben: Sie können Ihre Kollegen z.B. nur die gebuchten Zeiten sehen lassen, ohne den Betreff der Termine, während Ihre Vorgesetze den kompletten Text lesen und Ihre Assistentin zusätzlich auch neue Termine eintragen darf. Wenn Sie einen Termin in so einem freigegebenen Kalender als „privat" markieren, kann niemand anderes den Betreff dieses Termins lesen (außer Sie haben eine entsprechende Ausnahme bei den Stellvertretungen definiert).

Rainer freut sich, dass er jetzt seine privaten Termine im Firmen-Outlook sieht und in Zukunft gleich merken wird, wenn eine berufliche Planung hier einen Konflikt verursachen würde. Wenn er darauf achtet und rechtzeitig plant, wird er meist auch einen besser passenden Zeitpunkt finden.

Mehrere Kalender freigeben mit verschiedenen Rechten

Für Ihren privaten Cloud-Kalender werden Sie bei den meisten Anbietern nicht so viele verschiedene Freigabevarianten haben wie im Büro: Wenn Sie z.B. nur einen Link auf einen freigegebenen Kalender versenden können und jeder, der diesen Link hat, den kompletten Text aller Termine lesen kann, ist das Ganze auch einfacher zu verstehen als die umfangreiche Rechteverwaltung von Outlook. Die Optionen, Rechte in verschiedenen Stufen freizugeben und Termine zu bearbeiten, entfallen dann allerdings.

Häufig können Sie mehrere Kalender anlegen, z.B. einen Kalender mit Fußball-Spielterminen, den nur einer aus Ihrer Mannschaft pflegen muss, der ihn dann für alle anderen freigibt. Dieser Kalender enthält dann nur die Spieltermine, Sie können ihn zusammen mit Ihren anderen Terminen und denen Ihrer Frau/Ihres Mannes einblenden.

Machen Sie sich aber das Leben nicht zu kompliziert: Meist reicht ein Kalender, den Sie für Ihren Partner freigeben (und für sich selbst im Büro, wenn Sie private Termine nicht im Firmenkalender speichern möchten).

Dienstliche Termine außerhalb der Kernarbeitszeit im privaten Kalender eintragen

Rainer und Andrea haben keinen gegenseitigen Zugriff auf ihre dienstlichen Kalender, da sie in verschiedenen Unternehmen arbeiten. Die dienstlichen Termine des anderen werden für die beiden aber ohnehin nur wichtig, wenn sie deutlich außerhalb der normalen Arbeitszeiten liegen. Dann trägt derjenige einfach einen langen komplett geblockten Termin in seinen privaten Kalender ein, z.B. Rainer für nächste Woche „Dienstreise Stuttgart" von Mittwoch 17:00 Uhr bis Samstag 16:00 Uhr.

Wann sich Rainer auf dieser Dienstreise mit welchem Kunden wo auf der Messe trifft und mit welchen Kollegen er zwischendrin zu welcher Uhrzeit zu welchem Thema eine Telefonkonferenz hat, muss nur Rainer wissen. Das sieht er in seinem dienstlichen Kalender seiner Firma. Für Andrea kann er diesen Firmenkalender wie gesagt nicht freigeben.

Die Details der Messetermine wären für Andrea verwirrend, sie möchte einfach nur schnell sehen, an welchen Tagen er nicht zu Hause ist. Das funktioniert mit so einem Blocker-Termin im privaten Kalender wunderbar.

> Praktisch sind auch öffentlich verfügbare Kalender mit Feiertagen und Schulferien, die Sie einfach in Ihren Kalender einblenden statt alles einzeln abzutippen, und so bei Ihrer Urlaubsplanung gleich parat haben. Entsprechende Links finden Sie unter www.cloud-clever-nutzen.de.

Nie wieder Synchronisations-Stress

In der Mittagspause bedankt sich Rainer bei seiner Kollegin Sophia für die Cloud-Tipps, die ihm im Urlaub so gut geholfen haben. Gerade dass er mit seinem Smartphone die Daten immer in der Tasche hat, gefällt ihm prima: „Du kennst mich ja, wie häufig ich alles Mögliche überall liegen lasse oder vergesse – gerade dann, wenn ich es unterwegs brauchen werde. Aber an mein Telefon denke ich immer."

Sophia schmunzelt: „Mensch Rainer, ich weiß noch, wie viel Stress du vor ein paar Jahren mit deinem Palm-Handheld hattest ... Du warst anfangs so stolz auf das Gerät. Und dann hast du deine Termine am PC geändert aber zwei Wochen lang nicht synchronisiert, weil du immer zu faul, zu vergesslich oder zu gestresst warst, um den Palm per Kabel an den PC anzuschließen und den Knopf zum Datenabgleich zu drücken ..." Rainer verdreht genervt die Augen und murmelt: „Ja, das war die reinste Katastrophe. Ich hatte die Daten viel zu selten synchronisiert, Änderungen vom einen Gerät waren dann nicht auf dem anderen und umgekehrt ..."

Termine und Adressen immer aktuell

Rainer grummelt: „Den Palm habe ich damals ganz schnell für immer in der Schreibtischschublade verschwinden lassen. Eigentlich ein schönes Gerät, aber ich war halt zu undiszipliniert zum Datenabgleich. Mit meinem Taschenkalender ging's mir allerdings auch nicht anders: Wenn ich nicht im Büro war, konnte ich keine Termine machen, weil ich ihn immer irgendwo liegen gelassen hatte."

Sophia lenkt das Gespräch wieder in eine schönere Richtung: „Aber mit deinem iPhone klappt das doch jetzt prima, weil die Termine vom PC immer automatisch übernommen werden, oder?" Auf diese Frage antwortet Rainer nach kurzem Nachdenken mit einem Lächeln: „Dem, der das erfunden hat, würde ich gerne eine Riesenportion Eis ausgeben. Was ich am PC ändere, ist wie von Zauberhand auch gleich auf dem iPhone angekommen und umgekehrt! Jetzt muss ich mich nicht mehr mit nervigem Termine-Abschreiben, Abgleichen oder Kalender-Einpacken rumschlagen, sondern hab immer alles auf dem Telefon in der Tasche. Wie funktioniert das eigentlich?"

Smartphone-Daten automatisch aktualisieren

Gern erklärt Sophia: „Das ist auch eine Form der Cloud: Unsere Firma hat einen Exchange-Server, der alle Daten speichert. Sobald du am Laptop etwas änderst, schickt er das zum Server. Dein iPhone ist immer mit dem Internet und so auch mit dem Exchange-Server verbunden. Der Server tauscht alle Infos zwischen den Geräten aus und du brauchst keine Kabel mehr – außer zum Aufladen des Akkus."

Rainer fragt: „Aber sag mal, wie funktioniert das denn, wenn ich im Flieger sitze, den Mobilfunk am iPhone ausschalten muss und kein Internet habe: Wenn ich in dieser Zeit unwichtige E-Mails lösche oder etwas in den Kalender schreibe, wie wird das im Kalender aktualisiert?"

Sophia ist ganz in ihrem Element: „Dann merkt sich das iPhone, was du geändert hast. Sobald du wieder Empfang hast und es sich mit dem Internet verbinden kann, schickt es alle Änderungen zum Server. Wenn du anschließend mit deinem Laptop wieder online gehst, übernimmt er alle Aktualisierungen vom Server – du musst ihn dafür zu Hause oder im Büro ja einfach nur einschalten und er meldet sich automatisch über das WLAN im Internet an."

Ihr Adressbuch mit der Cloud vor Verlust sichern

Rainer bemerkt, wie viel leichter sein Kontaktmanagement durch das Smartphone wird: „Meine Adressen werden ja genauso automatisch synchronisiert. Früher musste ich die bei jedem Handy-Wechsel neu eingeben. Und als ich vor Jahren mein Handy verloren hatte ... Oh Mann, da waren einige Telefonnummern gleich mit weg, weil ich sie nirgendwo gesichert hatte."

Sophia ergänzt: „Heute könntest du einfach ein neues Smartphone nehmen, deinen Benutzernamen, die Serveradresse und dein Passwort eingeben und es würde alle Daten in ein paar Minuten aus der Cloud wiederherstellen."

Mit der Cloud haben Sie immer Ihre aktuellen E-Mails, Adressen und Termine verfügbar – egal, auf welchem Gerät Sie zuletzt gearbeitet haben

Mehrere Mobilgeräte synchron mit mehreren Kalendern

Zurück in seinem Büro denkt sich Rainer, dass er seine privaten E-Mails, Adressen und Termine auch gern so bequem automatisch auf dem Smartphone hätte wie seine dienstlichen Daten. Die Installation irgendwelcher Programme am Dienst-PC ist zwar auch für ihn verboten, aber auf seinem Firmen-iPhone darf er installieren und einstellen, was er will. Darüber ist er heilfroh, ein zweites Smartphone würde er nur ständig überall liegen lassen und vergessen.

Private und berufliche Daten auf dem Smartphone

„Wie bekomme ich meine privaten Daten so bequem aufs iPhone synchronisiert? Geht das überhaupt, wenn das iPhone-Mailprogramm schon meine Firmen-Mails enthält und der Kalender mit dem Firmenkalender abgleicht?", denkt sich Rainer. Er ruft im Webbrowser die Hilfeseiten seines privaten E-Mail-Anbieters auf und siehe da: Er muss nur ein paar relativ einfache Einstellungen auf seinem iPhone anpassen; das traut er sich zu. Ein paar Minuten später kann er seine privaten Termine, E-Mails und Adressen ebenfalls auf dem Smartphone bearbeiten und beim Speichern neuer Telefonnummern festlegen, ob die Person in seinen Firmenkontakten oder im privaten Adressbuch gespeichert werden soll.

Wenn Sie auf einem Gerät – egal ob Smartphone, Tablet oder PC – private und Firmendaten oder mehrere Kalender gleichzeitig anzeigen lassen, achten Sie bitte beim Eingeben neuer Adressen und Termine darauf, dass Sie den Termin oder Kontakt im richtigen Kalender bzw. Adressbuch speichern: Firmendaten im ggf. für Ihre Kollegen freigegebenen Firmenpostfach und private Daten in Ihrem privaten E-Mail-Konto.

Weitere Kalender aus der Cloud einblenden – jeden in einer anderen Farbe

Mit ein paar Klicks bindet Rainer auch Andreas privaten Kalender auf seinem Smartphone ein. Wie in Outlook kann er seine dienstlichen, seine privaten und Andreas Termine zusammen anzeigen oder jeweils ein- und ausblenden und zur besseren Übersicht für jeden Kalender eine andere Farbe wählen.

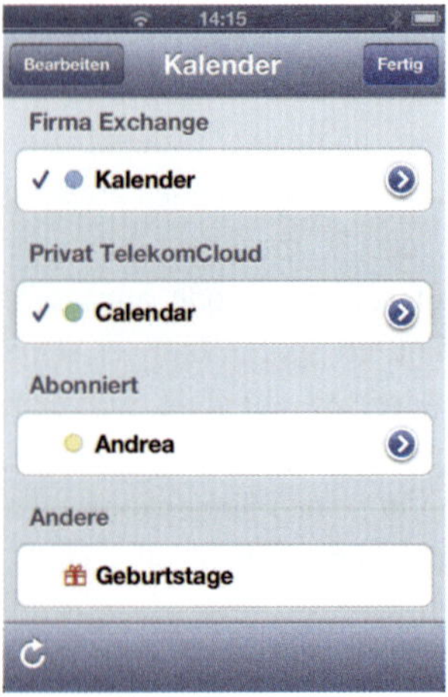

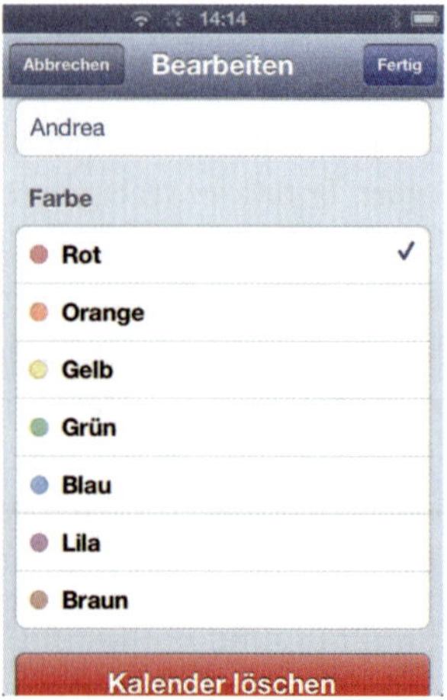

Wenn Sie einen freigegebenen Cloud-Kalender auf einem Smartphone (oder PC) öffnen möchten und das nicht mit einem Klick auf die Freigabe-E-Mail möglich ist, müssen Sie trotzdem nicht ellenlange Buchstaben-Zahlen-Kolonnen per Hand eingeben: Denken Sie daran, dass Ihr Smartphone eine Funktion zum Kopieren und Einfügen hat - auch, wenn Sie diese vielleicht noch nie benutzt haben: Markieren Sie einfach den langen Text mit der Kalenderadresse aus der E-Mail und fügen Sie ihn in den Einstellungen zum Öffnen eines zusätzlichen Kalenders wieder ein. Wenn Sie die Kopieren-Einfügen-Funktion ein paarmal benutzt haben, werden Sie merken, wie praktisch sie auch für andere Texte ist, die länger als 10 Zeichen oder nicht mit einmal Lesen gut auswendig zu merken sind, z.B. Telefonnummern oder Straßennamen mit eigenwilliger Schreibweise, die Sie von einer Website in Ihre Notizen, eine E-Mail oder Google Maps übernehmen möchten.

PC, Tablet und Smartphone auf gleichem Stand

Schon ist es Zeit für die nächste Besprechung. Rainer ist auf die Sekunde pünktlich, aber drei Teilnehmer fehlen noch. Außer ihm ist bisher nur seine Kollegin Sophia anwesend. Rainer zückt stolz sein iPad: „Ich habe jetzt meine privaten und beruflichen Daten nicht nur auf dem PC und iPhone, sondern auch noch auf dem iPad! Über die Cloud synchronisieren sogar mehr als zwei Geräte mit dem Server, so wie du mir das vorhin erklärt hast - das habe ich mir gerade entsprechend eingerichtet. So kann ich telefonieren und auf dem iPad in den Kalender oder die E-Mails gucken, um etwas abzusprechen, ohne mein Laptop dabei zu haben!"

Sophia zeigt sich wenig beeindruckt: „Schon mal was von Headsets gehört? Dann kannst du auf dem Smartphone freie Termine suchen, weil du es nicht mehr ans Ohr presst sondern gut sichtbar vor dir in der Hand halten kannst. So musst du keine zwei Geräte mitschleppen."

> Alle modernen Smartphones können Sie beim Telefonieren ganz normal weiter benutzen, um sich z.B. Informationen Ihres Gesprächspartners zu notieren oder ein Dokument, das er Ihnen per Mail geschickt hat, anzusehen und es mit ihm zu besprechen. Wenn Sie allein im Raum sind, können Sie die „Freisprechen"-Funktion benutzen, um das Telefon nicht ans Ohr halten zu müssen. Am bequemsten und auch für unterwegs geeignet ist zu diesem Zweck ein kabelloses Bluetooth-Headset.

Rainer kontert: „Mein iPad braucht zwar mehr Platz, aber nicht so viel wie ein Laptop. Und auf dem großen Bildschirm kann ich alles besser lesen und besser tippen als auf dem iPhone!"

Sophia zuckt mit den Schultern: „Ok, ist ja deine Sache, was du lieber magst. Ich persönlich möchte halt möglichst wenig Geräte mit mir rumschleppen. Wichtig ist ja nur, dass wir unterwegs alles dabei haben, was wir brauchen. Lass uns noch schnell ein paar Kleinigkeiten abarbeiten, bis alle da sind."

Gesagt, getan. Rainer sucht auf seinem iPad einen passenden Termin, den er vom Smartphone aus per E-Mail einem Kunden vorschlägt. Gut, dass beide Geräte immer automatisch über die Cloud synchronisieren – er kann immer auf demjenigen Gerät weiterarbeiten oder etwas nachschlagen, das er dafür bequemer findet oder das er gerade dabei hat.

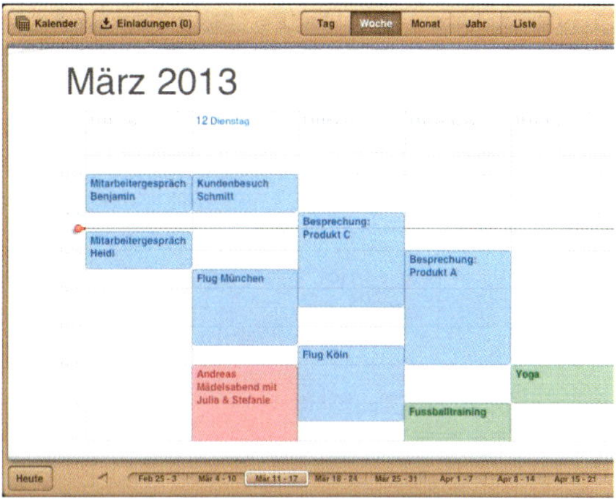

Mit der Cloud haben Sie auf dem Tablet Ihren beruflichen und Ihre privaten Kalender immer exakt synchron mit ...

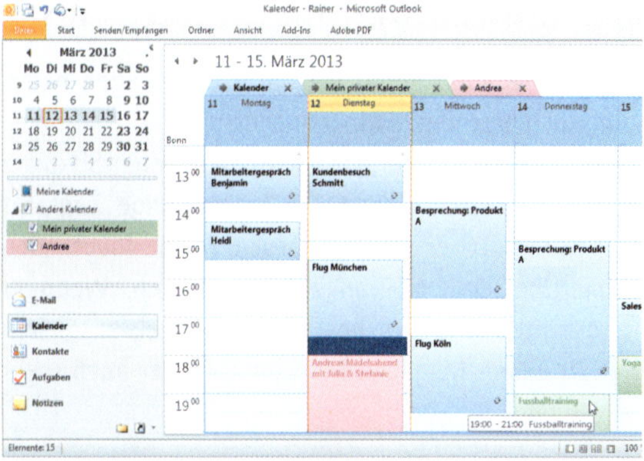

... Ihrem PC oder Laptop und ...

... mit Ihrem Smartphone

Zeitungen auch offline immer dabei

Obwohl die Besprechung etwas verspätet angefangen hatte, war sie pünktlich beendet. Rainer macht sich auf den Weg zum Bahnhof. Er erwischt gerade noch einen freien Sitzplatz im Regionalexpress nach Hause. Die halbstündige Zugfahrt vom und ins Büro nutzt er gern zum Lesen. Er überfliegt jeden Tag kurz die Überschriften von zwei Zeitungen. Wenn er etwas Interessantes entdeckt, liest er den Artikel, ansonsten wechselt er zu einem Magazin. Manchmal hat er auch mehr Lust auf ein Buch.

Aktuelle Lektüre ohne extra Platzbedarf

„Bis vor kurzem war meine Aktentasche immer voll bis obenhin, damit ich auch ja immer genug zu lesen hatte ...", beginnt Rainer ein Gespräch mit seinem Sitznachbarn. „Manchmal stand so viel Spannendes in der Zeitung, dass ich mich geärgert habe, noch Magazine und ein Buch eingepackt zu haben. An anderen Tagen habe ich nach der halben Fahrt die Zeitungen durch, aber mein Buch zu Hause gelassen. Jetzt habe ich alles hier auf meinem iPad, das ich sowieso immer mit ins Büro nehme! Das spart eine Menge Papier und ich habe immer mehr als genug zu lesen: Zeitungen, Magazine und alle meine elektronischen Bücher. So kann ich wechseln wie ich will."

Offline lesen

Sein Nachbar teilt Rainers Begeisterung für E-Books und elektronische Magazine. Rainer berichtet weiter: „Ich habe jetzt eine Cloud-Lese-App für meine Abos: Die tägliche Ausgabe von ‚FAZ' und ‚Welt kompakt', dazu ‚Focus', ‚Wirtschaftswoche' und das ‚Manager Magazin' immer aktuell elektronisch geliefert. Dafür zahle ich zwar ein paar Euro, habe aber nicht nur die Ausschnitte von der gratis zugänglichen Internetseite, sondern den gesamten Inhalt. Und ich kann die neueste Ausgabe mit einem Klick komplett aus der Cloud in die App laden – wenn dann im Zug die Internetverbindung abreißt, kann ich trotzdem weiterblättern."

E-Book-Reader: Auch bei Sonnenlicht

Rainers Gegenüber wedelt mit einem kleinen grauen Gerät, das etwas kleiner ist als ein DIN-A5-Blatt: „Ich bin auch seit kurzem E-Book-Fan! Und ich lese genau die gleichen Zeitungen und Magazine wie Sie. Noch schöner wird das mit diesem Gerät hier, meinem *tolino shine*. Der Bildschirm spiegelt im Sonnenlicht nicht so stark wie bei Tablets. Er kann keine verschiedenen Farben anzeigen und wäre zu langsam für Videos, aber für Bücher und Zeitungen braucht man das ja auch meist nicht. Ich finde das abends viel angenehmer als einen hellen Tablet- oder Smartphone-Bildschirm. Wenn ich vor einem grellen selbstleuchtenden Farbbildschirm sitze, kann ich danach nicht gut einschlafen, aber mit dem *tolino* geht Lesen direkt vorm Einschlafen prima!"

Rainer beginnt langsam zu verstehen, wieso ein separater E-Book-Reader auch für ihn eine gute Idee sein könnte: „Meine Frau hat sich gerade so etwas Ähnliches gekauft, einen Kindle. Sie liest gern englische Bücher und ist auch ganz begeistert, dass die immer nach ein paar Sekunden auf dem Gerät angekommen sind. Ich dachte sie hat den E-Book-Reader nur, weil sie kein Tablet hat und ihr das Smartphone zum Lesen zu klein ist. Ich hab meine Frau noch gar nicht gefragt, wie denn die Bücher auf das Gerät kommen. Müssen Sie die immer per Kabel übertragen oder eine zweite Mobilfunkkarte für den Internetzugang kaufen?"

Der Zug hält und Rainers Gesprächspartner hat gerade noch genug Zeit zum Antworten: „Zeitungen und Bücher lade ich einfach an einem Hotspot oder zu Hause im WLAN herunter und lese dann offline im Zug. Leider muss ich hier schon aussteigen, auf Wiedersehen, gute Weiterfahrt und viel Spaß noch beim Lesen!"

> Der „Kindle Fire" und „Kindle Fire HD" sind keine klassischen E-Book-Reader, sondern Tablets. Sie sind schwerer als „Kindle" und „Kindle Paperwhite", ihre Akkulaufzeit ist deutlich geringer und das für Videos und Fotos gut geeignete Display spiegelt im Sonnenlicht stark. Der „Kindle" und „Kindle Paperwhite" hingegen sind reine E-Book-Reader (wie im Text beschrieben).

Als Rainer zu Hause angekommen ist, fragt er gleich Andrea über Ihren E-Book-Reader aus. Sie bestätigt, dass der Bildschirm in allen Lichtsituation viel besser abzulesen ist (dafür aber ungeeignet für Videos oder Dokumentbearbeitung), und dass sie auch gerne ein separates Gerät zum Lesen hat. Wie ein Buch, das man in die Tasche steckt – nur dass der E-Book-Reader genug Speicherplatz für Tausende Bücher auf einmal hat und dabei weniger als 200 Gramm wiegt.

> Achten Sie beim Kauf eines E-Book-Readers darauf, dass er mit den Formaten kompatibel ist, in denen Sie ggf. bereits vorher E-Books gekauft haben. Manche Geräte zeigen nur Titel an, die Sie bei ganz bestimmten Anbietern gekauft haben und manche Anbieter liefern E-Books nur in Formaten aus, die nicht mit allen Lesegeräten kompatibel sind. Prüfen Sie deshalb vor dem Kauf eines Gerätes, ob die von Ihnen gewünschten Bücher oder Zeitungen und Magazine auch für dieses Gerät verfügbar sind. Viele E-Book-Anbieter ermöglichen das Lesen gekaufter Inhalte zusätzlich im Webbrowser und mit Apps für Ihr Smartphone und Tablet.

Auf einen Blick: Private Daten im Büro

- In Ihrem Cloud-Kalender können Sie private Termine speichern, die Sie in Ihren dienstlichen Firmenkalender nicht eingeben wollen oder dürfen.
- Diesen Kalender können Sie für Ihre Familie freigeben – so sehen Sie z. B., wann Ihr Partner unterwegs ist.
- Eventuell dürfen Sie Ihren privaten Kalender auf Ihrem Firmen-Smartphone oder im Firmen-Outlook einbinden, dann haben Sie alle Termine auf einmal im Blick.
- Auch Ihre privaten Adressen und Mails können Sie in der Cloud speichern, um im Büro darauf zuzugreifen.
- Die Cloud hält Ihr Smartphone, Tablet und den PC immer auf dem gleichen Stand: Was Sie an einem Gerät in Outlook eingeben oder ändern, wird auf den anderen Geräten automatisch angepasst. Wenn Sie kein Smartphone und kein Outlook nutzen, können Sie auch mit einem beliebigen Webbrowser auf die Daten zugreifen.
- Mit E-Book-Readern können Sie außer Büchern auch Tageszeitungen und Magazine lesen. E-Book-Reader haben einen größeren Bildschirm als Smartphones, sind handlicher als Tablets und im Sonnenlicht besser lesbar.

Um zu den Anleitungen im Internet zu gelangen, scannen Sie einfach den nebenstehenden QR-Code oder öffnen Sie die Seite www.cloud-clever-nutzen.de.

Endlich Freitag! Cloud zu Hause am Wochenende

Nach einer sehr produktiven Woche im Büro kann Rainer heute eine Stunde früher nach Hause fahren als sonst. Endlich Wochenende! Bis seine Frau von der Arbeit kommt, will er noch eine Überraschung für sie vorbereiten. Dann wollten die beiden die Musik suchen und herunterladen, die ihnen im Spanien-Urlaub so gut gefallen hat. Morgen werden sie die Hochzeitsfeier für Rainers besten Freund vorbereiten. Außerdem hat Andrea sich ein neues Smartphone gekauft und möchte ihr Adressbuch auf das Gerät übernehmen.

Entdecken Sie in diesem Kapitel, wie Sie Ihre digitalen Fotos als Abzüge, Poster oder auf Tassen drucken lassen, wie Sie Musik und Filme finden, kaufen sowie auf mehrere Geräte verteilen, wie Sie mit Freunden Notizen teilen sowie Videos und Fotos zusammentragen und Fotos per Cloud in ein Diashow-Video verwandeln. Last not least zeigen wir Ihnen, wie Sie beim Wechseln auf ein neues Smartphone Ihre Termine, Telefonnummern und E-Mails mitnehmen.

Die Überraschung: Fotobücher und Fotoabzüge

Andrea wird direkt nach der Arbeit ins Fitnessstudio nebenan gehen, bevor sie nach Hause kommt. So hat Rainer noch genug Zeit, eine Überraschung für sie vorzubereiten.

Abzüge von digitalen Fotos

„Jetzt haben wir hunderte Fotos gemacht und es sind wirklich sehr viele schöne dabei ...", hatte Andrea auf dem Rückflug gesagt, als sie alle Urlaubsbilder gemeinsam auf dem iPad angeschaut hatten. „Aber das Ganze hat auch eine Schattenseite: Ich habe Tausende Fotos auf meinem Smartphone gespeichert – und bringe aus jedem Urlaub Hunderte neue mit. Früher hatte ich 30 bis 60 Bilder, die etwas geworden waren, das war überschaubar."

Rainer hatte ihr damals zugestimmt: „Heute klicken wir die Bilder einfach am Bildschirm durch – es sind so viele, da geht manches einfach unter. Früher hatten wir einzelne Abzüge von den Bildern, die konnte man in die Hand nehmen, an die Wand hängen, in Alben kleben oder stecken, und so war jedes Bild etwas Besonderes."

Daran hat er sich heute erinnert – also setzt er sich mit dem Notebook an den Wohnzimmertisch und probiert herauszufinden, wie er die schönsten Bilder als Überraschung für Andrea bestellen kann. Schnell wird er fündig.

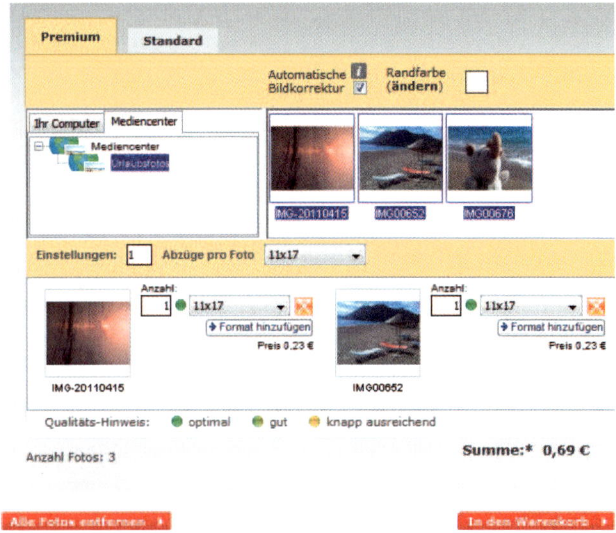

Drucken Sie Abzüge Ihrer Bilder aus der Cloud

Der Fotoservice lässt ihn direkt auf die Bilder aus seinem Mediencenter zugreifen, die gewünschte Größe auswählen und zeigt auch gleich, ob die Qualität des Bildes gut genug ist – ein von Freunden in niedriger Auflösung per E-Mail geschicktes Bild sieht nur bis zu einer gewissen Größe gut aus. Ein mit der Spiegelreflexkamera aufgenommenes und in voller Auflösung gespeichertes Bild hingegen wirkt selbst deutlich größer gedruckt noch ansprechend.

Nehmen Sie Qualitätswarnungen ernst

Wenn Sie vorhaben, viele Bilder zu bestellen, testen Sie vorher lieber mit ein paar Fotos, wie stark der Unterschied der Abzüge zu Ihrem Bildschirm ist. Sobald Sie einen der Abzüge sehen, wissen

Sie: Mit der gleichen Kamera bei gleichen Lichtverhältnissen aufgenommene Bilder – z.B. Sommersonne von der Seite oder aber Halogen-Licht bei Portraits im Wohnzimmer – werden ähnlich aussehen. Manche Bilder sehen gedruckt besser aus als am Bildschirm, bei anderen ist es umgekehrt. Mit moderner Bildbearbeitungssoftware lassen sich weniger gut gelungene Fotos meist deutlich verbessern.

Mehr als nur Fotoabzüge in Einheitsgröße

Kaum will Rainer die Bilder bestellen, um sie später dekorativ in ein Album zu kleben, sieht er, dass er sogar ein individuell mit einem Foto bedrucktes Kuschelkissen bestellen kann.

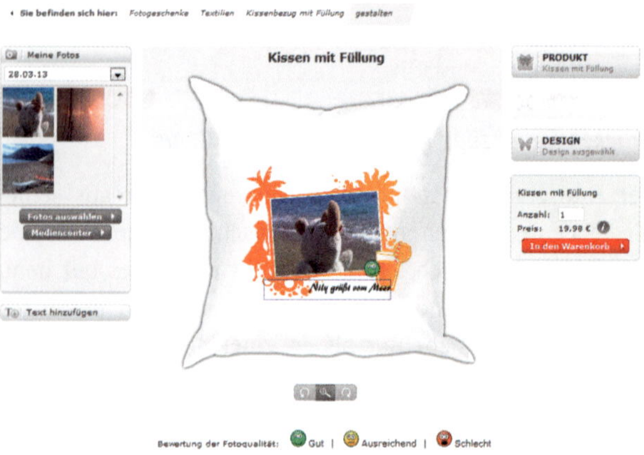

Drucken Sie Bilder aus der Cloud auf Kissen oder Tassen

Mit ein paar Klicks wählt er einen Rahmen, schneidet den gewünschten Bildausschnitt zu und ergänzt eine Zeile Text.

Fotogeschenke: Viel Auswahl für Ihre Kreativität

Rainer legt das Kissen in den Warenkorb und stellt dabei erstaunt fest, was er alles direkt mit seinen in der Cloud abgelegten Bildern bedrucken lassen kann:

- Mousepads, Notizbücher und Smartphone-Schutzhüllen
- Puzzles und Spielkarten (z.B. Memory oder Skat)
- Kühlschrankmagneten, Tassen und Bierkrüge
- Fotos in Acrylglas und bis zu 3m lange Poster
- Kissen und Umhängetaschen
- Wanduhren und Wandkalender in DIN A4 bis DIN A2
- T-Shirts, Mützen und Grillschürzen

Fotobücher und Kalender erstellen

Auch ganze Kalender und Fotobücher – komplett gedruckt inklusive Texten und Bildern – kann Rainer online bestellen. Neugierig beginnt er, eines der vorgegebenen Designs auszuwählen, Text einzugeben, Bilder aus seinem Mediencenter hinzuzufügen, und die Bilder auf den Seiten anzuordnen.

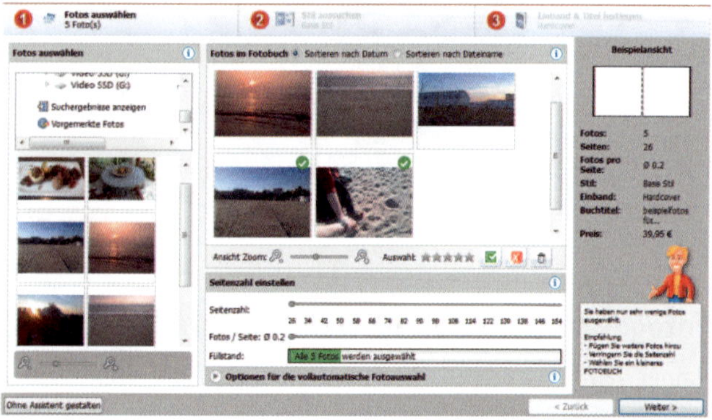

Arrangieren Sie Ihre Bilder zu kompletten Fotobüchern

Nachdem er richtig Spaß daran hatte, die ersten Seiten zu gestalten, denkt er sich: „Das ist ja ideal für die Hochzeit von Matthias! So können wir ganz einfach ein Fotobuch erstellen und es für jeden Gast drucken lassen." Als Überraschung für Andrea will er aber die einzelnen Bilder als Abzüge bestellen und von Hand in ein Album einkleben. So ist es wieder etwas Besonderes, das er selbst angefertigt hat.

Fast hätte Rainer vor lauter Stöbern und Probieren die Zeit vergessen. Kaum hat er die Bestellung ausgeführt, hört er auch schon, wie sich die Haustür öffnet. Damit die Überraschung auch eine bleibt, schließt er die Bestellbestätigung für die Fotos und öffnet seine Notizen zu der Musik, die ihm und Andrea im Urlaub so gut gefallen hat.

Musik liegt in der Luft: Songs/Filme in der Cloud

Musik in der Cloud suchen und kaufen

Nach dem Abendessen setzen sich Andrea und Rainer ans Notebook, um die Musik aus dem Urlaub zu kaufen.

Mit dem Smartphone hatten sie die Titel automatisch erkannt und Name, Interpret sowie das zugehörige Album gespeichert (siehe Kapitel „Rainer in Madrid: Cloud im Urlaub“).

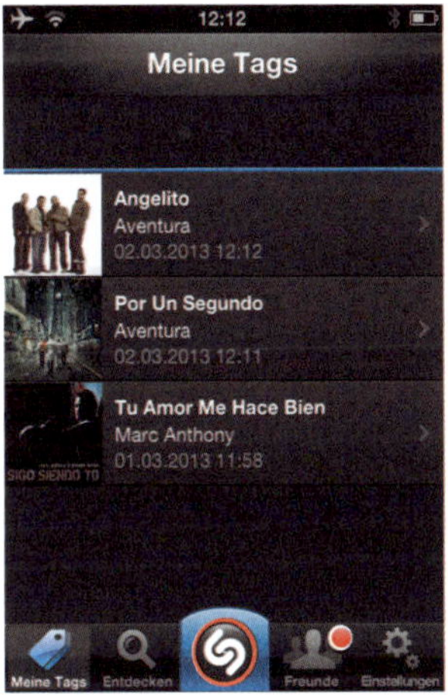

Sie suchen jetzt die erkannten Songs im Cloud Music Shop. Rainer hört die Titel vorsichtshalber noch einmal an, ob sie ihm noch immer gefallen. Und wie! Andrea freut sich, dass sie gleich weitere Titel der gleichen Künstler, passende Alben und ähnliche Interpreten empfohlen bekommen.

Rainer kauft drei Alben von Marc Anthony und alle erhältlichen Songs von Aventura.

Ihre Musik mit der Cloud immer dabei

„Das ist ja klasse!" freut sich Andrea. „Wenn wir jetzt noch unsere CD-Sammlung, die ich letztes Jahr als mp3-Dateien in den PC eingelesen und so schön in Ordnern nach Interpret und Album sortiert habe, ins Mediencenter hochladen, haben wir überall unsere Musik dabei."

Das findet auch Rainer praktisch: „Von dort können wir die Songs im Webbrowser, auf meinem Laptop/PC, meinem Tablet und unseren Smartphones anhören. Und wenn ich einen Titel aus dem Mediencenter einmal auf mein Smartphone herunterlade, habe ich ihn unterwegs überall dabei – auch bei langsamer oder unterbrochener Internetverbindung. Aber sag mal, wird das nicht sehr lange dauern, bis wir Tausende Songs hochgeladen haben?"

„Ja klar – aber nur einmal. Wir lassen deinen PC übers Wochenende laufen und können ihn ja gleichzeitig auch für andere Dinge nutzen, während die Musik im Hintergrund ins Mediencenter lädt. Wenn wir dann später noch einzelne Titel hinzufügen oder einen Song auf ein Gerät herunterladen, geht das schnell", ergänzt Andrea und beginnt, die Musik hochzuladen.

Spannende Filme ohne Parkplatzsuche

Die beiden beschließen, sich heute Abend gemütlich zu Hause einen Kinofilm anzusehen. Während Andrea frisches Popcorn macht, sucht Rainer, welche Filme sie in der Cloud ausleihen und über Ihren Entertain-Receiver direkt auf dem Fernseher wiedergeben können – auf dem kleinen Notebook-Bildschirm kommen Kinofilme nicht so gut zur Geltung.

Beispiel: So kommen Ihre Filme und Fotos groß raus

An viele moderne Flachbildschirm-Fernseher können Sie neuere Notebooks und sogar manche Tablets anschließen – schauen Sie doch einfach einmal, ob Ihr Fernseher einen Eingang für ein HDMI-, DVI- oder VGA-Kabel besitzt und Ihr Notebook einen entsprechenden Ausgang. Eventuell brauchen Sie auch nur ein passendes Adapterkabel (z.B. um an einen DisplayPort- oder Mini-DisplayPort-Ausgang Ihres Notebooks ein HMDI-Kabel anzuschließen). So können Sie Ihre online ausgeliehenen Filme und Ihre digitalen Fotos in voller Größe genießen.

Wenn Sie einen Entertain-Receiver besitzen, brauchen Sie aber nicht einmal Ihren PC umzustellen und müssen auch kein zusätzliches Kabel kaufen: Sie können direkt über das Menü der Fernbedienung Ihres Entertain-Receivers Filme leihen und Fotos, eigene Videos sowie Musik aus Ihrem Mediencenter wiedergeben.

Rainer schlägt ein paar Titel aus der Cloud-Videothek vor: „Wie wäre es mit ‚The Dark Knight Rises'? Oh! Der hier ist auch klasse, ‚The Expandables 2': Action pur mit Arnold Schwarzenegger, Sylvester Stallone, Jean-Claude Van Damme, Bruce Willis und Chuck Norris!"

Andrea überlegt kurz, ob sie eine Handvoll Popcorn nach ihm werfen sollte bevor sie antwortet: „Wenn du möchtest, dass ich bei unserem gemeinsamen Filmabend dabei bin, dann merk dir die beiden bitte für später vor! Lass mich mal schauen ... Ja, das ist besser. Wie wäre es mit Argo, Madagascar 3 oder Skyfall?"

Damit hat sie seinen Geschmack getroffen: „Klingt alles gut ... Wir waren in den letzten Monaten ja fast gar nicht mehr im Kino, den Bond haben wir auch verpasst! Nehmen wir den." Er leiht „Skyfall" in der englischen Originalversion aus und sofort ist der Film wiedergabebereit.

Die Hochzeitsfeier: Notizen, Videos und Fotos teilen

Samstagvormittag nehmen Rainer und Andrea „technikfrei", machen bei herrlichem Sonnenschein einen langen Spaziergang am Rhein und gehen dann in aller Ruhe essen. Danach beginnen Sie mit der Vorbereitung der Hochzeitsfeier von Rainers bestem Freund Matthias.

Rainer überlegt, wie sie mit den Gästen das Programm planen: „Die E-Mailadressen von allen, die eingeladen sind, habe ich schon herausgesucht. Die können wir jetzt alle fragen, wer einen Programmpunkt beisteuern möchte. Mir graut nur vor diesem ewigen Hin-und-Hermailen. Einige werden an alle antworten, welchen Beitrag sie vorführen wollen. Und sobald jemandem eine Ergänzung oder Frage einfällt, wird das wieder an alle gehen. Andere schicken ihre Ideen nur an uns – wenn mehrere auf die gleiche Idee kommen, muss ich wieder allen mailen. Ich finde solche Mail-Marathons unheimlich nervig. Wenn ich einfach jeden einzeln anrufen würde, wäre das einfacher. Aber bis ich jeden erreicht habe ..."

Das „schwarze Brett": Cloud-Notizen freigeben

Andrea hat eine Idee: „Du hast doch im Urlaub dieses Notizsystem ‚Evernote' benutzt. Wenn du dort ein paar Seiten für die Planung anlegst und freigibst, können alle sehen, wie der aktuelle Stand ist – ohne dass irgendjemand mit Dutzenden E-Mails belästigt wird. Du legst eine Seite an, die du ‚Vorschläge' nennst. Wer etwas zum Programm beisteuern möchte, trägt es hier ein, mit einer kurzen Beschreibung und seinem Namen. Dabei sieht er auch, ob die gleiche Idee schon von jemand anderem vorgeschlagen wurde. Entweder denkt er sich etwas anderes aus oder er kontaktiert die Person mit der gleichen Idee und die beiden planen diese Sache zusammen."

Rainer ist erleichtert: „Eine super Idee! Ich erstelle diese Seite ‚Vorschläge' für Programmideen. Was wir dann mit den zuständigen Personen besprochen haben, setzen wir mit der geschätzten Dauer auf eine Seite ‚Programmübersicht' in eine

Reihenfolge. Außerdem erstelle ich eine Seite ‚Fragen an Programmplaner', auf der die Leute Fragen an uns eintragen, ‚Fragen an alle', wenn jemand Rückmeldungen oder Meinungen von anderen für seinen Programmpunkt braucht, und ‚allgemeine Infos' mit Ankündigungen von uns."

Andrea wird klar, wie viel Nerven und unnötige Mails dieses Vorgehen sparen wird: „Das ist quasi wie ein schwarzes Brett: Jeder guckt darauf, wenn er Zeit hat. So nervt keiner die anderen mit Dutzenden zu unpassenden Zeiten eintreffenden Mails, die das Postfach verstopfen."

Gesagt, getan. Rainer erstellt die freigegebenen Notizseiten und mailt sie als „Das schwarze Brett für Matthias' Hochzeit" an alle. Die freigegebenen Cloud-Notizseiten kann jeder im Webbrowser öffnen, es muss also niemand irgendeine neue Software dafür installieren.

Wenn Sie andere Personen bitten, etwas in Ihr Cloud-Notizsystem zu schreiben, in Ihren Cloud-Videospeicher hochzuladen oder Ähnliches, achten Sie bitte auf zwei Dinge:

1. Vermeiden Sie, dass Ihre Bekannten dafür spezielle Software auf dem Computer installieren müssen. Auf Unternehmensrechnern ist das oft verboten, auf manchen Privat-PCs funktioniert bestimmte Software ggf. nicht und Sie selbst hätten auch keine Lust, Dutzende Programme zu installieren, nur weil jemand aus Ihrem Bekanntenkreis gerade Programm X nutzen möchte.
2. Alle Beteiligten müssen wissen, wie das Ganze funktioniert. Wenn Sie nur auf eine Seite verlinken, die fünf

Fotos anzeigt und dazu Schaltflächen wie ‚eigenes Bild hochladen', ‚Bild löschen' sowie ‚Bild auf meinen PC herunterladen', ist das selbsterklärend. Wenn Sie aber wie Rainer in dem obigen Beispiel ein Notizsystem verwenden, das noch nicht jeder kennt, und sich dazu fünf Seiten mit jeweils einer bestimmten Bedeutung ausdenken, dann schreiben Sie bitte kurz ein paar erklärende Sätze dazu. Oder drehen Sie ein kleines Video, wenn Ihnen das liegt. Falls verfügbar, können Sie auch einfach auf eine öffentlich zugängliche Anleitung verlinken.

Bilder- und Videosammlung

Andrea hat noch eine Idee: „Jetzt erstellen wir noch einen Share für Bilder und einen für Videos. So, wie wir das im Urlaub für unsere Fotos gemacht hatten – nur diesmal dürfen die anderen die Bilder nicht nur ansehen, sondern auch eigene Dateien auf den Share hochladen" (Share = für andere freigegebener Ordner in der Cloud, siehe Abschnitt „For your eyes only: Fotos/Dateien für bestimmte Personen freigeben").

Rainer richtet die beiden Shares ein und ist schon gespannt, was die anderen hochladen werden: „Eine gute Idee. Ich brauche möglichst viele Bilder und Videos von Matthias und seiner Frau, die ich dann zu Collagen für den Abend zusammenschneide. Bestimmt haben die anderen hier einiges an schönem Material. Die Links zu den Shares kopiere ich auf unser neu eingerichtetes ‚Schwarzes Brett'. Mal sehen, wann jemand die ersten Fotos und Videos hinzufügt."

Director's cut: Video Editing in der Cloud

Die anderen Gäste reagieren schnell: Während Rainer einige eigene Ideen für das Abendprogramm der Hochzeit austüftelt, landen bereits die ersten Videos und Bilder auf seinem dafür erstellten Share.

Videos direkt aus der Cloud laden

Videos erstellen und zu schneiden macht Rainer viel Spaß. Er öffnet sein Videoeditierprogramm mit direkter Anbindung an die Cloud. „Schau mal, Andrea!", ruft er. „Das war mir vorher nie aufgefallen, weil ich bis vor unserem Spanien-Urlaub keine Ahnung hatte, was mit der Cloud alles machbar ist. Aber das ist wirklich praktisch: Ich kann direkt aus meinem Mediencenter Videos importieren. So muss ich die Filme nicht erst herunterladen und in meinem Schnittprogramm öffnen, sondern kann im Programm einfach den Share aus meinem Mediencenter öffnen, auf den die anderen inzwischen schon ein paar Szenen hochgeladen haben. Ein Klick, und die Filmchen sind zu meinem Projekt hinzugefügt. Jetzt kann ich sie nach Belieben anordnen, schneiden und überblenden."

Ganz einfacher Export im passenden Format

Andrea bewundert Rainers Talent für das Erstellen gelungener Filme und Bilder: „Das wäre mir zu kompliziert, ich hatte mir das vor ein paar Jahren mal angeguckt mit dem Videoschnitt: Es gibt verschiedene Video-Auflösungen, Codecs, die auf dem PC oder Mobilgerät zum Anschauen auch installiert sein müssen, Framerates ..."

Rainer strahlt: „Ich kann dir die ganzen Fachbegriffe gerne mal erklären. Mit der Technik für Videobearbeitung kenne ich mich ja ausnahmsweise gut aus. Heute musst du so etwas aber gar nicht mehr wissen. Schau, hier gibt es auch eine Cloud-Export-Funktion: Du wählst nur noch SD/HD für Standard oder High Definition aus. Die höhere Auflösung sieht natürlich noch viel besser aus, braucht aber auch mehr Zeit zum Hochladen und bis das Video zu Ende berechnet ist. SD ist schneller fertig, lädt viel schneller und sieht auch passabel aus, solange du nicht sehr nah an den Bildschirm herangehst."

Rainer schließt die Bearbeitung ab: „Jetzt klickst du auf ‚OK', das Programm speichert das Video im passenden Format direkt in die Cloud. Wenn es jemand von dort ansehen will, liefert die Cloud das passende Format und die passende Qualität für sein Gerät – egal ob er den Film auf dem Tablet, Smartphone, Laptop oder seinem Entertain-Receiver ansehen will."

Fotos in Videos verwandeln

Rainer hat auch einen Cloud-Dienst gefunden, der Fotos in Videos verwandelt: „Für die Bilder nehmen wir ‚Movinary' zum Präsentieren auf der Bühne: Wir blenden nicht einfach ein Foto nach dem anderen ein, sondern ich schneide ein Video daraus. Du wählst hier einfach eine Vorlage für den Hintergrund, dann fügst du Bilder und wenn du magst noch Text hinzu. Heraus kommt ein Video, das die Bilder umrahmt, bewegt, ein- und ausblendet und mit animierten Übergängen Stimmung schafft. Musik ist auch dabei."

„Was muss ich denn dafür installieren?", fragt Andrea. „Nichts", antwortet Rainer, „das läuft alles direkt in der Cloud auf allen Computern. Du rufst die Seite in deinem Webbrowser auf. Dann kannst du Bilder von deinem Computer hochladen, oder du importierst sie direkt aus deinem Facebook-Account oder aus deinem TelekomCloud-Mediencenter und klickst dich durch die Gestaltung. Am Ende kannst du ein Video direkt auf Facebook teilen oder es herunterladen. Wenn du was Schönes zum Anfassen, Einpacken und Verschenken haben möchtest statt nur einen Link, bestellst du das Video auf DVD und bekommst es per Post geschickt."

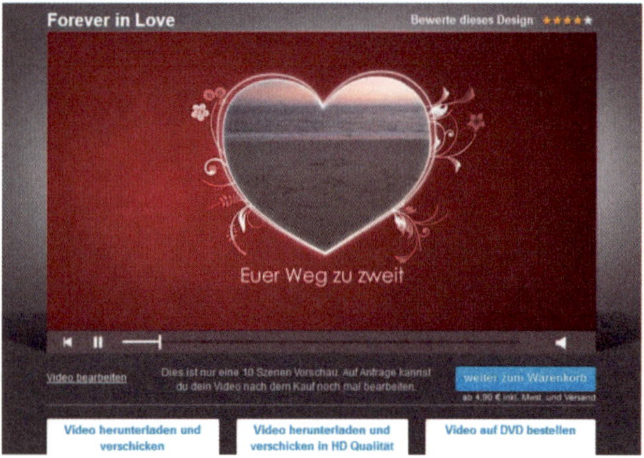

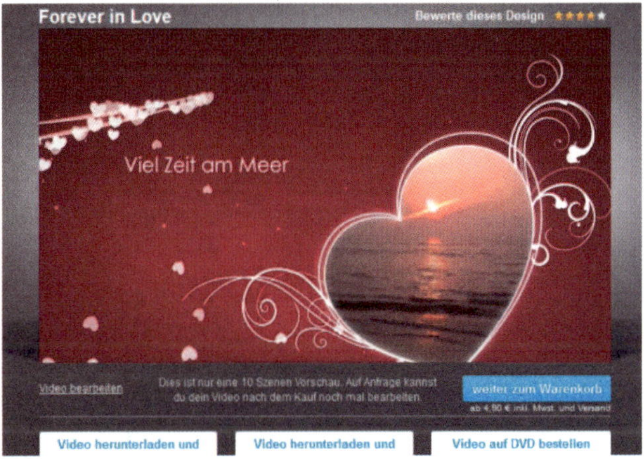

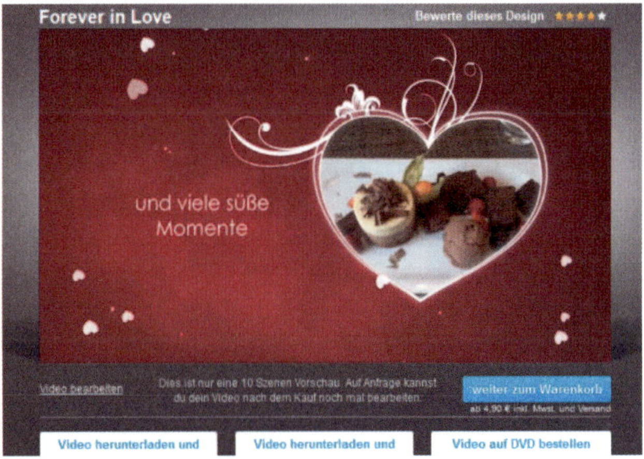

Erstellen Sie animierte Videos aus Ihren Fotos und Texten

Beim Smartphone-Wechsel Daten mitnehmen

Da klingelt es: „Die Post, ein Paket für Sie!". Andrea springt auf und läuft zur Tür: „Juhu, mein neues Smartphone!"

Rainer versteht nicht, wieso jemand freiwillig ein funktionierendes, aktuelles Smartphone gegen ein anderes austauscht: „Samsung Galaxy S4 LTE? Aber da sieht doch wieder alles anders aus als auf deinem iPhone! Kannst du das überhaupt mit iTunes verbinden, um alle Daten zu übertragen? Ich hatte ja damals schon Bedenken als ich vom iPhone 3G auf das 4S umgestiegen war, aber zum Glück konnte es die Daten übernehmen. Aber früher war das ja recht kompliziert: Beim Handywechsel musste ich alle Telefonnummern nochmal neu eingeben oder über die SIM-Karte ex- und importieren!"

Daten von einem Smartphone aufs andere übertragen

Andrea macht sich keine Sorgen: „Das Samsung-Smartphone läuft natürlich nicht mit der Apple-Software. Ist aber halb so wild. Meine Lieblingsmusik haben wir ja gerade in die Cloud übertragen. Meine E-Mails und mein privater Kalender liegen sowieso schon im Online-Speicher. Meine Fotos und Adressen mit Telefonnummern habe ich in den letzten Tagen auch vom iPhone dorthin verschoben ..."

Rainer wundert sich: „Du hast die Adressen vom iPhone verschoben?" Andrea erklärt: „Auf dem iPhone sind sie noch vorhanden, nur halt nicht mehr *nur* dort gespeichert. Ich habe den Abgleich mit meinem Cloud-Adressbuch eingestellt, das iPhone hat die Adressen vom internen Speicher dorthin kopiert und seitdem alle Änderungen mit der Cloud abgeglichen. Mein Samsung Galaxy werde ich jetzt ebenfalls mit der Cloud verbinden. Dann lädt es sich alle Adressen mit Telefonnummern, meinen privaten Kalender, die E-Mails, meine Fotos und Lieblingssongs herunter und synchronisiert in Zukunft direkt mit der Cloud."

Rainer versteht: „Wenn du später irgendwann auf das brandneue iPhone 7 wechseln willst, geht das andersherum genauso einfach, weil alle wichtigen Daten in der Cloud liegen und auch verschiedene Smartphone-Betriebssysteme darauf zugreifen können."

„Genau", erwidert Andrea, „nur die Apps aus dem App Store sind natürlich nicht kompatibel. Apps für iOS funktionieren nicht mit dem Android-Betriebssystem meines neuen Smartphones und umgekehrt. Ich muss also die Apps für das andere Betriebssystem neu herunterladen und manche sogar ein zweites Mal kaufen. Aber das ist schnell erledigt: So viele verschiedene Apps nutze ich nicht, und sie kosten jeweils nur ein paar Euro oder sind gratis. Meine Lieblings-iPhone-Apps gibt es alle auch vom gleichen Hersteller unter gleichem Namen für Android. Sobald ich mir die Evernote- und PagePlace-App heruntergeladen habe, komme ich auch wieder an alle meine Notizen und E-Books aus der Cloud."

Auf einen Blick: Cloud am Wochenende

- Ihre digitalen Fotos in der Cloud können Sie als Abzüge, Poster und auch auf Kissen, Tassen, T-Shirts, Smartphone-Hüllen und andere Geschenkartikel drucken lassen.
- Mit ein paar Klicks lassen sich Fotos in ein animiertes Video verwandeln, das Sie als DVD bestellen können.
- Für beides brauchen Sie keine Software auf Ihrem Computer zu installieren, Sie können z.B. Fotos direkt von Ihrem Smartphone in die Cloud laden.
- Mit einem Share (freigegebenen Ordner), auf den Ihre Freunde Dateien hochladen dürfen, können Sie gemeinsam Bilder und Videos in der Cloud speichern – z.B. Bilder für Hochzeiten oder Geburtstagsfeiern.
- Geben Sie bei einem im Browser nutzbaren Notizsystem (z.B. Evernote/OneNote) Seiten für mehrere Personen frei, dann haben Sie ein „schwarzes Brett": Jeder kann Informationen aktualisieren und den neuesten Stand lesen.
- Laden Sie Ihre Musik in die Cloud, dann haben Sie Ihre Songs überall auf mehreren Geräten immer verfügbar.
- Auch Filme, die vor wenigen Wochen neu im Kino erschienen sind, können Sie in der Cloud inzwischen ganz legal und bequem in hoher Qualität ausleihen.

Um zu den Anleitungen im Internet zu gelangen, scannen Sie einfach den nebenstehenden QR-Code oder öffnen Sie die Seite www.cloud-clever-nutzen.de.

Die Geschäftsreise: Mit der Cloud auf Nummer sicher

Am Mittwochabend sitzt Rainer im Zug nach Stuttgart. An den nächsten beiden Vormittagen trifft er sich mit einem neuen Kunden, der sein Büro direkt neben Rainers Hotel hat. Die Firma bietet „Dienstleistungen zur IT-Sicherheit" an und hat Rainer mit einem Firmenporträt beauftragt.

Entdecken Sie mit Rainer in diesem Kapitel,

- wie Sie auch offline mit der Cloud arbeiten,
- warum sogar lange Passwörter unsicher sein können, Sie besser nicht immer das gleiche Passwort verwenden und wie Sie gute Passwörter wählen,
- wie Sie Ihre Daten vor Geräteverlust/Diebstahl schützen,
- wie viel Sie als Privatanwender über Sicherheit wissen sollten und wo die Grenze zwischen unnötiger Panikmache und ernst zu nehmenden Gefahren liegt.

Offline mit Cloud-Daten arbeiten

Für den ersten Abend im Hotel hat sich Rainer bereits zu Hause den Film „The Dark Knight Rises", den Andrea nicht sehen wollte, online ausgeliehen und heruntergeladen. Statt in einem langweiligen TV-Programm zu zappen, hat er lieber seinen eigenen Kinofilm auf dem Notebook dabei. Im Zug möchte er vorher noch die Vorschläge der anderen Gäste für das Programm von Matthias' Hochzeit im Cloud-Notizsystem durchlesen, wo nötig kommentieren, und die hochgeladenen Fotos für seine Collagen sortieren.

Wenn es keinen Internet-Zugang gibt

Rainer hat zwar einen mobilen Internetzugang für seinen Laptop, aber im Zug bricht heute oft die Verbindung ab. Das Einloggen in sein Cloud-Notizsystem oder das Mediencenter über den Webbrowser hilft ihm daher nicht weiter.

> Denken Sie beim Arbeiten mit der Cloud daran, dass Sie unterwegs eventuell nicht überall Zugriff auf das Internet und die Cloud haben, z.B.:
>
> - im Flugzeug oder im Zug (auf manchen ICE-Strecken und in langsam durch die Stadt fahrenden Zügen ist die Verbindung inzwischen schon recht gut, auf anderen Strecken leider noch nicht)
> - wenn Sie sich in einem Funkloch befinden oder im Ausland die Roaming-Gebühren zum Übertragen großer Datenmengen zu hoch sind (Abhilfe schafft evtl. ein öffentlicher Hotspot)
> - wenn Sie sich an einem Ort aufhalten, an dem kein Mobilfunk-Empfang möglich oder die Übertragungsgeschwindigkeit sehr langsam ist.
>
> Sorgen Sie rechtzeitig vor, dann brauchen Sie nicht auf Ihre Cloud-Daten zu verzichten.

Vorbeugen mit den richtigen Apps/Programmen

„Gut, dass ich zu Hause die entsprechenden Programme installiert habe, um meine Cloud-Daten auch offline zu nutzen", freut sich Rainer. Er hat sich vorab informiert und sein Notizsystem wie auch die Mediencenter-Software als Programm auf dem Notebook installiert. Beide gleichen ihre Daten mit dem aktuellen Stand in der Cloud ab, sobald er wieder einen Online-Zugang hat: Dann werden alle offline getätigten Änderungen in die Cloud kopiert. Und wenn sich etwas in der Cloud ändert – zum Beispiel, weil noch jemand ein neues Foto für die Hochzeitsfeier hochlädt –, dann laden die Programme diesen neuen Stand aus der Cloud auf das Notebook herunter, sobald Rainer damit wieder online geht. (Das funktioniert sehr ähnlich wie die im Kapitel „Rainer blickt durch: Private Daten im Büro" beschriebene Kalendersynchronisation im Büro.)

Offline arbeiten und Fotos/Filme ansehen

Er setzt seinen Kopfhörer auf, öffnet den Mediencenter-Ordner auf seinem Laptop und spielt sein Lieblingsalbum der Gruppe „Smokie" ab, das er am Wochenende in die Cloud geladen hatte. Mit guter Musik versorgt, sortiert er zuerst die von den anderen Hochzeitsgästen neu hochgeladenen Fotos und geht dann in Evernote die neuen Ideen und Fragen zum Programm durch, die die anderen in den letzten Tagen auf dem „schwarzen Brett" (siehe Abschnitt „Die Hochzeitsfeier": Notizen, Videos und Fotos teilen) eingetragen haben.

Als er damit fertig ist, liegt noch eine halbe Stunde Zugfahrt vor ihm. Er startet die Wiedergabe des Films „The Dark Knight

Rises", den er zu Hause auf den Laptop geladen hatte. Im Hotel angekommen, wird er ihn gemütlich zu Ende sehen.

Sicher bei Geräteverlust, Defekt und versehentlichem Löschen

Am nächsten Morgen beim Frühstück liest Rainer die Tageszeitung auf seinem iPad. Kaum ist er fertig, klingelt sein Mobiltelefon. Er legt das iPad auf den freien Stuhl neben sich und nimmt den Anruf an ...

Rainer ist ganz in das Gespräch vertieft und stellt mit einem Mal überrascht fest, dass er schon 21 Minuten lang telefoniert. Er springt vom Tisch auf und beendet das Telefonat, während er zum Aufzug hetzt, schnappt sich im Zimmer seine Aktentasche, macht sich auf den Weg und kommt gerade noch pünktlich an.

Sicherheit – ein wichtiges Thema

Für das Firmenporträt braucht Rainer zunächst ausführliche Informationen: „Herr Schmitt, mit welchen Themen beschäftigen Sie sich und warum sind diese Themen wichtig für Ihre Kunden?" Herr Schmitt muss nicht lange überlegen: „Wir bieten IT-Sicherheit für kleine Firmen. Ich erkläre Ihnen das mal am Beispiel Ihrer privaten Daten und Geräte – das ist auch für Firmen relevant, nur kommen dort später noch einige weitere Themen hinzu. Stellen Sie sich vor, dass plötzlich alle Ihre elektronischen Daten verschwunden wären. Alles was Sie auf Ihrem PC, Smartphone oder Tablet gespeichert haben – Sie kämen plötzlich nicht mehr an all diese Informationen heran ..." Herr Schmitt schaut Rainer an und wartet. Rainer beginnt zu grübeln – eine unschöne Vorstellung ...

Um Sicherheit kümmert sich niemand – bis es zu spät ist

„Darüber habe ich noch nie in Ruhe nachgedacht. In meiner Firma kümmert sich unsere IT-Abteilung um die Datensicherung – hoffe ich zumindest. Heute hat man ja viele Unterlagen nur noch elektronisch dabei. Früher habe ich Aktenmappen und Notizblöcke mit mir herumgetragen, inzwischen habe ich das alles als E-Mails, PDF-Dateien und elektronische Notizen in verschiedenen Apps auf meinem privaten iPad, das ich auch für Firmendaten nutze. Immer alles mit einem Handgriff parat!", antwortet Rainer und greift in seine Aktentasche.

Aber dort ist kein iPad. Erschrocken prüft er das zweite Fach der Tasche – nichts. Er erinnert sich, dass er es zuletzt beim Frühstück hatte ... „Oh nein!", durchfährt es Rainer, „ich habe es heute Morgen im Hotelrestaurant liegen lassen!" Entsetzt schaut er Herrn Schmitt an und weiß nicht, was er sagen soll.

Wenn alle Daten verloren sind

„Sie spielen das hervorragend!", freut sich Herr Schmitt. „Ich sehe, Sie können sich vorstellen, wie sich das anfühlt. Im ersten Moment ist es besonders erschreckend – insbesondere, wenn es nicht nur um das Tablet sondern einen Laptop mit wesentlich mehr Daten geht. Ein paar Tage später merken die meisten zwar, dass die Welt deshalb nicht untergeht. Aber schöne Fotos, Erinnerungen und mühevoll erstellte Dokumente sind für immer verloren, manchmal auch Adressen und

Telefonnummern von Freunden. Oder alle Telefonnummern, wenn das Handy plötzlich defekt ist oder verloren geht. Noch schlimmer sind die Konsequenzen, wenn sich ein Fremder Zugang zu persönlichen Daten verschafft oder in Ihrem Namen betrügerische Nachrichten verschickt hat. Und richtig unangenehm wird es für Firmen, die wichtige Dokumente und Kundendaten verlieren: Das kann den Ruin bedeuten."

Beugen Sie vor – bevor etwas passiert

„Wissen Sie, die meisten Menschen machen sich keinerlei Gedanken über Sicherheit, bis etwas passiert. Aber wenn Sie rechtzeitig vorsorgen, können Sie sich sehr gut vor Datenverlust schützen. Wer macht sich schon die Mühe, Papiernotizen und Dokumente regelmäßig zu kopieren? Elektronisch hingegen ist das ganz einfach, man muss nur rechtzeitig daran denken. Das faszinierende an meinem Job ist, dass ich Katastrophen vorbeugen kann", strahlt Herr Schmitt und fügt erstaunt hinzu: „Meine Güte, Sie sind ja ganz bleich geworden! Hatten Sie professionellen Schauspielunterricht? Sie können jetzt aufhören, ich weiß, dass Sie verstanden haben, dass man das Thema Datensicherheit nicht auf die leichte Schulter nehmen sollte ..."

„Ich spiele nicht, ich habe wirklich gerade mein iPad verloren", murmelt Rainer. Er greift zum Telefon, ruft die Rezeption an und wartet, während ein Mitarbeiter im Restaurant auf die Suche geht. Es dauert nicht lange, bis er erfährt: Sein iPad liegt nicht mehr im Restaurant und wurde leider auch nicht an der Rezeption abgegeben – es bleibt verschwunden. „Das Gerät kostet nicht nur ein paar hundert Euro, es waren auch für mich wirklich wichtige Daten darauf und ich habe mir noch nie Gedanken darüber gemacht, dass so etwas passieren könnte", klagt Rainer. „Wie hätte ich denn vorbeugen sollen und was kann ich jetzt tun?"

Synchronisation schützt vor Verlust und Defekt

„Am einfachsten und bequemsten ist eine Synchronisation mit einem Online-Dienst – modern gesagt ‚mit der Cloud'", erklärt Herr Schmitt. „Vielleicht kennen Sie das aus Ihrer Firma: Ein Exchange-Server verwaltet alle Ihre E-Mails und Kalendereinträge, so dass mehrere Mobilgeräte gleichzeitig Zugriff darauf haben ..." (vgl. Kapitel „Rainer blickt durch: Private Daten im Büro").

„Ja, das kenne ich!", antwortet Rainer. Er beruhigt sich langsam, denkt kurz nach, bekommt wieder Farbe ins Gesicht und lächelt sogar ein wenig: „Moment, meine wirklich wichtigen Daten habe ich zum Glück alle in Apps, die mit der Cloud synchronisieren. Meine Notizen und Dokumente, die ich nachher auf der Messe mit Kunden durchsprechen wollte, liegen in meinem Mediencenter und in Evernote. Ich habe zwar nie daran gedacht, das Ganze vom iPad zu sichern. Aber sobald ich online gehe, kopieren diese Apps alle Änderungen genau wie meinen Kalender und mein Adressbuch in die Cloud."

Datenzugriff bei Geräteverlust

„Genau!", ergänzt Herr Schmitt, „wenn Sie die gleichen Apps auch auf Ihrem Smartphone haben, können Sie damit auf alles zugreifen. Der Bildschirm ist zwar viel kleiner als beim Tablet, aber Sie kommen an die Daten heran. Wenn Sie möchten, können Sie jetzt auch im Webbrowser unseres Besucher-PCs Ihr Mediencenter und die Evernote-Website öffnen, um Dokumente und Notizen für die Messe auszudrucken."

Fernlöschung und Geräte-Passwort

Rainer atmet auf: „Dann muss ich zwar ein neues Tablet kaufen, aber sonst ist alles in Ordnung und meine Daten sicher!" Doch Herr Schmitt ist noch nicht fertig: „Leider noch nicht. Wenn ein Gerät einfach nur defekt ist und nicht mehr funktioniert, würde die Synchronisation der Daten ausreichen. Wir müssen jetzt aber noch daran denken, was passiert, wenn ein Fremder das Gerät findet. Sie haben doch hoffentlich eine Passwortsperre eingestellt?" – „Oh je ...", seufzt Rainer, „die fand ich immer so nervig, dass ich sie deaktiviert hatte."

Setzen Sie vorbeugend ein Gerätepasswort

Herr Schmitt erwidert: „Wenn Sie Glück haben, gibt der Finder das Gerät zurück. Oder er setzt es auf die Werkseinstellungen zurück und verkauft es. Wenn Sie allerdings Pech haben, schaut er vorher alle Ihre Daten durch: Termine, Adressen, E-Mails usw. Vielleicht schreibt er in Ihrem Namen Mails oder Facebook-Nachrichten. Wenn Sie Ihr Smartphone statt dem iPad verloren hätten, könnte jemand zusätzlich teure Sonderrufnummern anwählen ... Schützen Sie Ihre Mobilgeräte deshalb immer mit einer Passwortsperre! Profis können die zwar knacken, wenn sie Ihr iOS- oder Android-Gerät in die Finger bekommen, aber die meisten Kriminellen hält das Gerätepasswort erst einmal auf." Rainer schluckt: „Das ist echt nicht mein Tag heute."

Handeln Sie bei Geräteverlust schnell

Herr Schmitt gibt noch mehr zu bedenken: „Vielleicht hat der Finder auch Spaß daran, ein paar Termine zu verschieben, neue einzutragen oder einfach einige Daten zu löschen – diese Änderungen synchronisiert das Gerät dann leider auch gleich auf den Server und damit auf Ihre anderen Geräte. Daher sollten Sie sofort die Synchronisation kappen, wenn Sie die Vermutung haben, dass das Gerät in fremde Hände gelangt ist. Wenn es doch nur unter den Autositz gerutscht war und Sie es am nächsten Tag wiederfinden, können Sie die Synchronisation schnell wieder neu einstellen. Zögern Sie nicht lange, denn wenn jemand in der Zwischenzeit Ihre Daten verändert und eine Synchronisation stattfindet, dann haben Sie den Salat."

Synchronisation deaktivieren und Fernlöschung

„Und wie mache ich das, die Synchronisation abschalten?", fragt Rainer. Herr Schmitt erklärt es ihm: „Loggen Sie sich im Webbrowser bei Ihrem jeweiligen Cloud-Anbieter ein. Wenn die Anbindung für E-Mail und Kalender an Ihr Smartphone gut gelöst ist, können Sie von hier das ganze Gerät fernlöschen – inklusive anderer Daten und Apps. So verhindern Sie auch, dass ein Fremder Ihre Daten lesen kann, wenn er Ihr Passwort herausfindet oder Sie keines gesetzt haben."

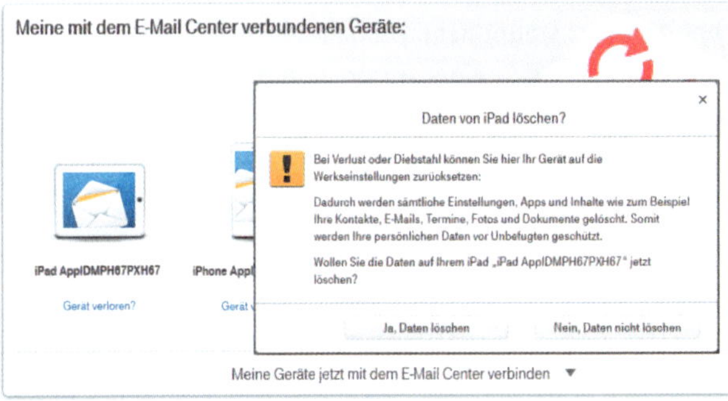

Fernlöschung für verlorene Geräte mit der Cloud

„Wenn Sie nicht schnell genug sind, kann der Dieb die Verbindung mit dem Dienst deaktivieren, der die Fernlöschung durchführt", fährt Herr Schmitt fort. „Das geht über die Geräteeinstellungen. Dann – oder wenn Ihr Cloud-Anbieter die Fernlöschung nicht unterstützt – müssen Sie jedes einzelne Passwort ändern, das Sie in irgendeiner App auf dem Gerät eingespeichert haben. Wenn der Dieb jetzt eine App öffnet, die automatisch mit der Cloud synchronisieren will und das alte Passwort gespeichert hat, schlägt der Zugriff auf Ihre aktuellen Daten fehl. Alle für den Offline-Zugriff zwischengespeicherten alten Daten sind allerdings noch lesbar. Setzen Sie darum bitte gleich ein Passwort für Ihre Mobilgeräte!"

Daten- und Gerätesicherheit geht vor

Rainer nimmt sein Smartphone zur Hand, setzt mit Herrn Schmitts Hilfe ein Gerätepasswort und will gerade mit ihm zusammen die Fernlöschung seines verlorenen iPads starten, als ein Rezeptionsmitarbeiter des Hotels zurückruft: Ein anderer Gast hat das iPad vor einer Minute abgegeben. Er hatte es im Frühstücksraum liegen sehen und es mitgenommen. Da er selbst dringend zu einer Besprechung im Konferenzbereich des Hotels musste, konnte er es erst später an der Rezeption abgegeben. Rainer atmet erleichtert auf – die Lektion hat er sich gemerkt! In Zukunft wird er gut auf die Sicherheit seiner Geräte und Daten achten.

Backup trotz Synchronisation

„Eine Sache muss ich Ihnen heute noch erklären", sagt Herr Schmitt. „Trotz Synchronisation ist es wichtig, zusätzlich ein regelmäßiges Datenbackup durchzuführen. Auf Deutsch ‚Datensicherung', aber weil das so häufig mit verschiedenen Methoden für mehr Daten**sicherheit** verwechselt wird, verwende ich lieber den Begriff ‚Backup'." Er geht zu einem Flipchart neben seinem Schreibtisch und beginnt eine Auflistung:

Die Datensynchronisation schützt Sie vor Datenverlust, wenn ein Gerät defekt ist oder verloren geht. Sie kopiert jede Änderung auf einem Gerät bei bestehender Internetverbindung sofort auf alle anderen Geräte und schützt daher in folgenden Fällen gerade *nicht:*

1. Sie selbst löschen versehentlich eine E-Mail oder überschreiben etwas in einem Dokument. Wenn Sie es sofort bemerken, können Sie die Mail vielleicht noch aus dem Ordner „gelöschte Objekte" in Outlook zurückholen oder die Änderung rückgängig machen.
2. Ihr Kind spielt mit dem iPad, öffnet dabei den Kalender oder die E-Mails und verschiebt Termine/löscht Mails.
3. Wegen technischer Probleme bei Ihrem Cloud-Anbieter ist tagelang kein Online-Zugriff auf die Daten möglich.
4. Ihr Anbieter stellt den von Ihnen benutzten Dienst ein.
5. Ein Cracker knackt den Zugang zu Ihrem Benutzerkonto, löscht alle Daten und startet eine Fernlöschung Ihrer Mobilgeräte

> Das Risiko, dass die oben geschilderten Fälle vorkommen, ist zwar klein, aber vorhanden. Der Aufwand für eine Datensicherung ist sehr gering, wenn Sie rechtzeitig daran denken. Der Nutzen hingegen ist enorm hoch, falls doch einmal etwas passiert.

Herr Schmitt beendet die heutige Besprechung: „Sichern Sie daher alle Ihre Daten regelmäßig – jedes Wochenende. Oder notfalls nur jährlich zu Silvester und immer dann, wenn etwas Wichtiges hinzukommt. Je mehr wichtige Daten Sie haben, desto häufiger. Exportieren Sie Adressbuch, Kalender usw. von Ihrem Cloud-Anbieter regelmäßig in eine Datei, die Sie auf Ihrem PC speichern. Kopieren Sie die Daten von Ihrem Laptop zusätzlich zur Synchronisation auf eine externe Festplatte, die Sie zu Hause sicher aufbewahren. Oder sichern Sie die Daten bei einem Backup-Dienst in der Cloud – achten Sie bitte darauf, den Anbieter dafür sorgfältig auszuwählen. Danach müssen Sie sich um nichts mehr kümmern: Das Backup läuft regelmäßig automatisch im Hintergrund, sichert alle neuen Daten und bewahrt sogar mehrere Dateiversionen auf."

Online-Einbruch: Was Sie über Passwörter wissen müssen

Am nächsten Tag sitzt Rainer erneut in Herrn Schmitts Büro. Den ersten Punkt der Agenda kommentiert er gelassen: „Darüber, dass jemand mein Passwort knackt, mache ich mir keine Sorgen. Für Industriespionage ist das bestimmt relevant, aber wer interessiert sich schon für meine privaten Daten?"

Gestohlene Identität

Herr Schmitt klärt auf: „Meist geht es dabei gar nicht um Sie persönlich. Wenn es jemand gezielt auf Sie abgesehen hat, ist das eine ganz andere Geschichte – aber das kommt nur äußert selten vor, eher bei Politikern, Popstars oder für Industriespionage lohnenswerte Ziele, deren vertrauliche Daten interessant sind. Meist trifft es einfach irgendwen, weil seine Daten schlecht gesichert sind – völlig egal wen, Hauptsache man kommt an die Daten."

„Warum macht jemand so etwas, wenn er mich gar nicht kennt? Ist das nicht auch eher selten?", wundert sich Rainer. Auch darauf hat Herr Schmitt eine Antwort: „Pro Minute werden in Deutschland zwei Identitäten gestohlen, das heißt, ein Betrüger gibt sich als eine tatsächlich existierende andere Person aus. Manche machen das einfach nur, weil sie es als Herausforderung empfinden. Oft haben Sie Glück und jemand bricht nur in Ihr Facebook-Konto ein, um auf ein paar Seiten auf ‚Gefällt mir' zu klicken oder Links zu posten, weil ihn jemand dafür bezahlt. Damit erhoffen sich die Anbieter der Seiten, in Suchmaschinen besser gefunden zu werden."

„Unangenehmer wird es", so Herr Schmitt weiter, „wenn der Betrüger zum Spaß Ihre Daten löscht, mit Ihrem Benutzerkonto seltsame Fotos online stellt oder in Ihrem Namen Nachrichten verschickt. Das kann z.B. auch ein Link an Ihre Freunde sein, der beim Anklicken einen Virus auf deren Computer zu installieren versucht. Vielleicht lädt er auch die Adressen, E-Mailadressen und Telefonnummern Ihrer Bekannten herunter und verkauft sie für Werbezwecke."

„Fies!", ärgert sich Rainer. Herr Schmitt erklärt ihm, dass es noch fieser kommen kann: „Wenn ein Krimineller online Ihre Kontonummer entdeckt und per Lastschrift auf Ihre Kosten etwas bestellt, ist das noch unangenehmer. Und richtig übel wird es, wenn er zu Ihrer Adresse noch Ihr Geburtsdatum und weitere persönliche Daten herausfindet, damit Verträge schließt, auf Rechnung Waren an andere Lieferadressen bestellt oder Ihre Online-Zugangsdaten nutzt, um andere kriminelle Aktivitäten durchzuführen und seine Spuren zu verwischen. Wenn Sie ganz viel Pech haben, brauchen Sie dann viel Zeit und einen guten Anwalt, um Inkasso-Unternehmen oder sogar Strafanzeigen loszuwerden."

Ist das Internet besonders unsicher?

Rainer wird nervös: „Ist das jetzt Ihr Ernst? Sollte ich dann am besten gar nicht mehr online gehen, um sicher zu sein?" Herr Schmitt erklärt: „So etwas kommt wirklich vor. Aber auch wenn Sie selber nie das Internet benutzen, kann Ihnen das passieren: Wer zum Beispiel in der Großstadt wohnt und abends das Altpapier an die Straße stellt, wirft dort oft achtlos viele persönliche Dokumente mit sehr vertraulichen Informationen weg. Bis der Papiermüll am nächsten Morgen abgeholt wird, gehen Hunderte Fremde die Straße entlang, die sich dort bedienen können. 100-prozentig sicher vor Identitätsdiebstahl sind Sie leider nie: Ihre Daten können auch bei einer Firma entwendet werden, die die Daten nicht ausreichend schützt."

„Richtig, kriminelle Fälscher gab es schon vor der Verbreitung des Internets. Ich erinnere mich an einen Film über einen Scheckbetrüger, der von 1958 bis 1969 mehrere Millionen Dollar ergaunert hatte ... Aber was kann ich denn jetzt tun?"

Achten Sie auf Sicherheit – in vernünftigem Ausmaß

Herr Schmitt ist ganz in seinem Element: „Online sind solche Betrugsfälle einfacher und häufiger geworden – das liegt aber zum größten Teil daran, dass die meisten Menschen und manche Firmen aus Bequemlichkeit oder Unwissenheit einfach viel zu leichtsinnig und nachlässig sind. Die Betrüger und Kriminellen suchen sich fast immer diejenigen als Opfer aus, die sie am leichtesten überrumpeln können. Ich zeige Ihnen jetzt ein paar einfache Maßnahmen, die mit wenig Aufwand Ihren Schutz ganz enorm erhöhen und Ihr Risiko minimieren:

- Wählen Sie ein Passwort nach sicheren Kriterien,
- verschiedene Passwörter für verschiedene Dienste,
- eine unveröffentlichte Mailadresse zum Anmelden,
- sichere Cloud-Anbieter statt den erstbesten und
- achten Sie auf Ihre persönlichen Daten und Geräte."

> Denken Sie daran, dass normale E-Mails unverschlüsselt übermittelt werden – senden Sie daher niemals Kreditkarten- oder Kontonummern als Klartext per E-Mail, Computerkriminelle können mitgelesene Mails automatisch danach durchsuchen.

So wählen Sie sichere Passwörter

„Sie glauben gar nicht, wie häufig aus Faulheit noch immer Zahlenkombinationen wie ‚123456' und Wörter wie ‚passwort' als Passwort benutzt werden", beginnt Herr Schmitt. „Das weiß sogar ich", antwortet Rainer, „ein gutes Passwort muss eine Zahl enthalten oder möglichst lang sein." Herr Schmitt korrigiert: „In den letzten Jahren wurden von schlecht gesicherten Anbietern Hunderte Millionen echter Passwörtern gestohlen und viele davon öffentlich zugänglich gemacht. Damit haben Kriminelle leichtes Spiel: Sie probieren die am häufigsten benutzten Passwörter zuerst aus. Nicht per Hand, sondern mit automatisierten Angriffen per Computer."

Beispiel: So leicht knackt man ein zwölfstelliges Passwort

Für ein zwölfstelliges Passwort aus Buchstaben, Ziffern und 20 möglichen Sonderzeichen gibt es über 90 Trilliarden (82 hoch 12) mögliche Kombinationen. Um die alle zu testen, brauchen auch modernste Hochleistungscomputer, die über 250 Milliarden Kombinationen pro Sekunde durchprobieren, über 9.000 Jahre. Viele Nutzer nehmen aber einfach den Vornamen ihres Partners oder eines Ihrer Kinder und hängen das Geburtsjahr hinten daran, wenn sie noch eine Zahl eingeben sollen. Die Bösewichter probieren also zuerst die 20 häufigsten Vornamen, dann diese Vornamen in Kombination mit allen zwei- und vierstelligen Jahreszahlen von 1960 bis 2013 aus. ‚Stefanie1971' hat zwar zwölf Stellen, ist aber durch reines Ausprobieren nach spätestens 2160 Versuchen in wenigen Sekunden geknackt.

„Jedes real existierende Wort aus dem Wörterbuch, Kunstwörter aus Filmen, Wortkombinationen und das Ganze mit einem angehängten Datum stellt für Profis kein unlösbares Problem dar. Auch Passwörter mit dem häufig verwendeten Trick, Buchstaben wie ‚B' und ‚O' einfach durch die Ziffern 8 und 0 zu ersetzen, halten die Angreifer meist nicht mehr länger als eine Stunde auf. Doch genau darauf kommt es bei einem guten Passwort an: Wenn die Attacken nach einer gewissen Zeit noch immer erfolglos bleiben, lässt das angreifende Programm Sie in Ruhe und versucht, das Passwort des nächsten Benutzers zu knacken – lieber 20 schlecht gesicherte Zugänge schnell abgreifen, als bei Ihnen weitere Kombinationen auszuprobieren. In der Regel wollen Kriminelle nur in irgendwelche Konten einbrechen, nicht speziell in Ihres."

Generieren Sie ein einzigartiges Passwort

„Wie wähle ich denn dann ein gutes Passwort?", wundert sich Rainer. Herrn Schmitts Antwort klingt gar nicht so kompliziert wie erwartet: „Vermeiden Sie die Wort- und Zahlenkombinationen, die die meisten anderen verwenden. Erstellen Sie stattdessen ein selbst ausgedachtes Kunstwort: Denken Sie sich einen Satz mit sieben bis elf Wörtern aus – bitte kein Zitat, sondern einen Satz, auf den nur Sie kommen und der Ihnen leicht wieder einfällt. Das kann etwas ganz Komisches sein wie zum Beispiel ‚Mein Hase isst nur lila gefärbte Orangen'. Davon nehmen Sie nur die Anfangsbuchstaben und drehen die Groß- und Kleinschreibung um: ‚mhINLGo'. Fügen Sie ein Sonderzeichen in das Passwort ein, das machen nur 15 % der Internetnutzer. Ihr Vorname hat sechs Buchstaben, also setzen Sie an die sechste Stelle im Passwort Ihr Lieblingssonderzeichen, z. B. das Semikolon. Heraus kommt ‚mhINL;**Go**'. Die Position des Semikolons können Sie sich auch anders merken, z. B. ‚ein Stopp vor dem **Go**'. Jetzt haben Sie ein leicht merkbares Passwort – dem wir gleich eine Zahl hinzufügen werden. Nehmen Sie aber bitte Ihren eigenen Merksatz, statt den meines Beispiels. Verzichten Sie auf Umlaute, denn bei manchen Anbietern können Sie kein ä, ö oder ü eingeben."

Verwenden Sie verschiedene Passwörter

„Hatten Sie nicht gesagt, ich soll für jeden Dienst bei dem ich mich anmelde ein eigenes Passwort benutzen?", fragt Rainer. Herr Schmidt erklärt: Die meisten Menschen nehmen aus Bequemlichkeit überall das gleiche Passwort. Wenn durch ein Sicherheitsproblem bei einem Anbieter nun ein Passwort gestohlen wird, dann kann der Dieb mit diesem einen Passwort auch jedes andere Benutzerkonto der gleichen Person kapern. Deshalb nehmen Sie ab jetzt für alle Dienste mit persönlichen Daten ein individuelles Passwort: Verwenden

Sie nicht das Grundpasswort von eben, sondern bauen Sie mit einem einfachen Muster den Namen des Anbieters ein, bei dem Sie das Passwort benutzen.

Beispiel: Passwörter für unterschiedliche Anbieter

Nehmen sie den ersten und den letzten Buchstaben des Anbieternamens, und zählen Sie, wie häufig a und wie häufig e darin vorkommt. Aus „**a**mazo**n**" wird so „**an***20*" und aus „google" wird „ge01". Den ersten Buchstaben hängen Sie vor Ihr Passwort, den letzten dahinter und die Zahl einfach an die vierte und fünfte Stelle. Für Amazon ist Ihr Passwort dann: ‚**a**mh*20*IN;LGo**n**'.

Gute Passwörter leicht zu merken

„Das ist dann ein einzigartiges Passwort, steht nicht im Wörterbuch, hat über 10 Zeichen, Großbuchstaben, Kleinbuchstaben, Zahlen, ich werde zwei Sonderzeichen nehmen und – ich kann mir das sogar merken", freut sich Rainer.

Herr Schmitt ergänzt: „Sie können sich vorsichtshalber ihren Merksatz auf einem Zettel in den Nachttisch legen und Ihr Variationsmuster getrennt davon notieren. Ihr Passwort sollte mindestens elf Zeichen lang sein – wenn Sie einmal nicht so viele Zeichen eingeben dürfen, zum Beispiel nur acht, nehmen Sie halt nur die ersten acht davon. Alternativ können Sie eine Software benutzen, die für Sie zufällige Passwörter generiert und verschlüsselt abspeichert. Aber die Auswendigmethode finde ich einfacher und angenehmer, sobald man sie ein paarmal benutzt hat. Wenn Sie noch sicherer sein wollen, nehmen Sie für besonders wichtige Anbieter einen anderen, separaten Merksatz."

Eine Schwachstelle stellt häufig die E-Mailadresse dar, an die Sie sich mit der „Passwort vergessen"-Funktion ein neues Passwort senden lassen. Das kann auch jeder Betrüger, der weiß, welche Mailadresse Sie mit dem jeweiligen Dienst verknüpft haben. Verwenden Sie für Online-Anmeldungen daher eine andere E-Mailadresse als die, von der Sie normalerweise Mails schreiben und die ggf. im Internet veröffentlicht ist. Legen Sie sich einfach bei einem der vielen E-Mail-Anbieter eine neue Adresse zu und leiten Sie die eingehenden Mails auf Ihre bisherige Adresse um. Diese neue Adresse benutzen Sie nur noch für Ihre Anmeldungen. Verwenden Sie Ihren echten Namen nicht als Bestandteil dieser Mailadresse und auch nicht als Benutzernamen zum Einloggen. Wenn es dann doch mal jemand genau auf Ihren Zugang abgesehen hat, wird es für ihn deutlich schwerer, einzubrechen.

Sicherheit auch nicht übertreiben

Herr Schmitt beendet die Passwort-Lektion mit den Worten: „Sie müssen es aber auch nicht übertreiben: Ich habe so viele Passwörter und nicht überall ein verschiedenes. Für ca. 20 ‚Egal'-Zugänge benutze ich eine separate E-Mailadresse, ein Pseudonym statt meines Namens und immer das gleiche, einfache Passwort: Das geht überall, wo ich keine persönlichen Daten hinterlegt habe, z.B. für ein Forum über Vielfliegermeilen und eine Seite, mit der ich mir Kinofilmstarts merken oder die Playlist meiner Musik mit anderen teilen kann. Da ist es mir egal, ob das jemand anderes mitkriegt.

Verwenden Sie aber unbedingt ein individuelles Passwort für jeden Dienst mit vertraulichen, persönlichen Daten – erst recht für Ihr E-Mail-Konto, über das Sie sich für die anderen Dienste ein neues Kennwort zusenden lassen können."

Sicher vor böser Software/Datenklau

Nach einer Espresso-Pause geht es in den letzten Teil der Besprechung. Rainer fragt: „Ich habe gehört, dass manche Anbieter ihre Dienste schlecht gesichert haben und Online-Ganoven in bestimmten Situationen angeblich Daten von meinem Smartphone mitlesen können. Stimmt das?"

Sicherheit bei Cloud-Anbietern

Herr Schmitt nickt: „Manche Anbieter sind leider sehr nachlässig – sei es, weil das Unternehmen neu am Markt oder zu klein ist und sich dort niemand ausreichend mit dem Thema Sicherheit auskennt, sei es aus Kostengründen oder um bloß keinen Anwender zu verärgern, der sein Passwort vergisst, oder aus purer Ignoranz. Andere Anbieter hingegen kümmern sich sehr um die Sicherheit – auch manche kleine und erst vor kurzem gegründete Unternehmen."

Beispiel: WhatsApp

Der populäre Kurznachrichtendienst ‚WhatsApp' machte 2012 wiederholt Schlagzeilen, weil immer wieder Sicherheitslücken bekannt wurden, die wochenlang bestehen blieben. Es war möglich, unter fremdem Namen Nachrichten zu versenden oder für andere Benutzer bestimmte Kurznachrichten zu empfangen.

Überlegen Sie gut, wem Sie Ihre wichtigen Daten anvertrauen! Wenn Ihr Cloud-Anbieter die Sicherheit vernachlässigt, hilft Ihnen das beste Passwort nichts.

Ein unangenehmer Fall von Identitätsklau

Ausführlich schildert Herr Schmitt den Fall einer Sicherheitslücke: „Der Journalist Mat Honan vom US-Magazin ‚Wired' wartete gerade auf einen Anruf, als sein iPhone sich plötzlich abschaltete und neu bootete. Er wollte es an seinem Macbook wiederherstellen, aber das Macbook zeigte nur einen grauen Bildschirm und fragte nach einer PIN, die er nie vergeben hatte. Er griff nach seinem iPad – auch das war komplett gelöscht ...

Die Ursache war eine Schwachstelle in der Passwort-Rücksetzung bei Apple: Ein Betrüger hatte beim Apple-Support angerufen, dort behauptet, er sei Mat Honan und könne nicht mehr auf sein Benutzerkonto ‚mhonan@me.com' zugreifen. Zwar hatte der echte Mat Honan mehrere Sicherheitsfragen hinterlegt, die der Betrüger nicht beantworten konnte. Weil er allerdings die Rechnungs-Adresse (Anschrift), E-Mailadresse und die letzten vier Stellen der hinterlegten Kreditkartennummer kannte, bekam der Betrüger vom Apple-Support ein Ersatzpasswort per E-Mail geschickt, mit dem er sich dann in das iCloud-Benutzerkonto einwählte.

So bekam er Zugriff auf die E-Mailadresse ‚mhonan@me.com', die der Journalist bei anderen Anbietern hinterlegt hatte, und ließ sich Ersatzpasswörter für andere Dienste an diese Mailadresse senden, löschte danach alle Daten und startete innerhalb von fünf Minuten eine Fernlöschung von iPhone, iPad und Macbook.

Der Fall sorgte für internationale Medienaufmerksamkeit. Der geschädigte Journalist verlor durch diesen Angriff in wenigen Minuten alle seine Daten und hatte eine Menge Scherereien. Einen Teil der Daten hatte er zum Glück zusätzlich in einem nicht geknackten Dropbox-Konto gesichert, einen weiteren Teil konnte er von Datenrettungsspezialisten nach ein paar Tagen wiederherstellen lassen – Kostenpunkt 1.700 Dollar. Ein Teil seiner Daten ist aber seitdem für immer verloren.

Der Journalist berichtete ausführlich über seinen Fall, um andere zu warnen, und Apple änderte wenig später die internen Richtlinien, so dass es inzwischen nicht mehr möglich ist, das Passwort nur durch Kenntnis der E-Mailadresse, der Rechnungsanschrift und der letzten vier Ziffern der Kreditkartennummer zu umgehen. Diese Informationen sind zwar nicht ganz so einfach zu bekommen, aber trotzdem nicht geeignet als Sicherheitsmerkmal zur Passwort-Rücksetzung. Kriminelle wissen: Bei vielen Onlineshops, Hotelreservierungssystemen, Reiseveranstaltern usw. werden genau diese Daten in Ihrem Benutzerkonto anzeigt. Oder schauen Sie einfach einmal auf irgendeine auf Papier gedruckte Hotelrechnung, die Sie per Kreditkarte bezahlt haben: Sie sehen dort die Rechnungsadresse und meist zur Kontrolle die letzten vier Ziffern der Kreditkarte im Klartext gleich dazu ..."

Checkliste: Sicher unterwegs in der Cloud

- Benutzen Sie Ihren echten Namen nicht als Benutzernamen (Login-Kennung) für Cloud-Dienste mit wichtigen Daten.
- Hinterlegen Sie zum Zurücksetzen Ihres Passworts eine separate E-Mailadresse, die Ihren Namen nicht enthält, mit der Sie keine E-Mails versenden und die Sie nicht veröffentlichen.
- Erstellen Sie regelmäßig ein Backup Ihrer Daten – denken Sie dabei nicht nur an Ihren Laptop und Ihr Smartphone, sondern ggf. auch an wichtige Daten, die nur in der Cloud gespeichert sind.

Vorsicht bei Sicherheitsfragen

Herr Schmitt warnt: „Manche Anbieter hebeln an sich gute Sicherheitssysteme und starke Passwörter aus, indem sie im Fall von vergessenen Passwörtern die Wiederherstellung oder Umgehung des Passworts zu leicht machen: Zum Beispiel wenn nur eine einzige Sicherheitsfrage gestellt wird und Ihnen dabei die leicht zu merkende Antwort auf die Frage ‚Was ist Ihre Lieblingsfarbe?' angeboten wird. Die meisten Nutzer tragen dort eine tatsächlich zutreffende Antwort ein, die in 38 % der Fälle ‚Blau' lautet. Probieren Sie noch ‚Rot', ‚Grün', ‚Rosa', ‚Schwarz' und ‚Gelb', dann haben Sie nach spätestens sechs Versuchen 87 % der Passwörter umgangen."

Die meisten sogenannten „Sicherheitsfragen" sind mit reiner Statistik zu beantworten. Mit den Informationen von privaten Websites oder Facebook tun sich Fremde leicht: Es reicht, wenn sie Ihren Namen kennen. Geben Sie daher auf „Sicherheitsfragen" immer eine Antwort ein, die nicht das Geringste mit der Frage zu tun hat, z. B. „36sfsmoehd!" – Ihre Schuhgröße und jeweils den ersten Buchstaben des Satzes „**S**icherheitsfragen **f**indet **s**elbst **m**ein **O**rangen **e**ssender **H**ase **d**oof. (Denken Sie bitte daran, einen anderen Satz zu benutzen als in diesem Beispiel.)

Andere Länder, anderer Datenschutz (USA PATRIOT Act)

„Ich habe zum Thema Datensicherheit immer wieder von einem ‚Patriot Act' gehört, was hat es damit auf sich?", will Rainer wissen. Herr Schmitt erklärt: „Deutschland hat recht strikte Regeln für den Datenschutz, in anderen Ländern ist das teilweise anders. Auch das sollten Sie bei der Wahl eines Cloud-Anbieters beachten. Der USA PATRIOT Act ist ein US-Gesetz, das dem FBI Onlinedurchsuchungen ohne Gerichtsbeschluss ermöglicht. Es kann US-Unternehmen zwingen, Nutzerdaten herauszugeben, ohne den betroffenen Kunden zu informieren. Manche Anwender stört das nicht weiter, andere wollen deshalb auf keinen Fall Ihre Daten bei Unternehmen in den USA speichern. Wer das weiß, kann selbst entscheiden, ob ihm dabei mulmig zumute wird oder nicht."

Schützen Sie Ihren Mac oder PC

„Wenn mein Cloud-Anbieter sicher ist und ich die Regeln für Passwörter und Backups einhalte, die wir besprochen haben, muss ich dann noch etwas beachten?", fragt Rainer. „Wir haben es fast geschafft", verkündet Herr Schmitt. „Jetzt müssen Sie noch Ihre Geräte schützen: Das beste Passwort beim sichersten Anbieter hilft wenig, wenn eine Schadsoftware heimlich Ihren Benutzernamen und Ihr Passwort protokolliert, während Sie es eintippen, und es dann an Kriminelle sendet. Um Ihre Sicherheit zu erhöhen, sollten Sie auf jeden Fall:

- einen guten Virenscanner installieren. Zahlen Sie lieber 30 Euro im Jahr für den Testsieger eines renommierten Computermagazins, als sich mit einer Gratisversion zufriedenzugeben, die weniger Schädlinge erkennt.
- die automatischen Updates für Ihr Betriebssystem und Ihre Programme aktivieren. Es werden regelmäßig Sicherheitslücken entdeckt, aber meist schnell behoben.
- nur Originalprogramme installieren, keine illegalen Software-Raubkopien. Wer weiß, was die Kriminellen da alles gleich mit eingebaut haben ...
- am besten einen Teil der Funktionen für aktive Inhalte und insbesondere Java in Ihrem Webbrowser deaktivieren, da es dadurch immer wieder zu Schäden kommt.

- diese Hinweise nicht nur für Windows-PCs befolgen, sondern auch wenn Sie einen Mac benutzen – auch die werden angegriffen, lassen sich aber ebenfalls gut schützen."

Spionierende Apps

Denken Sie daran: Ihr Smartphone und Tablet sind immer mit dem Internet verbunden und können pausenlos Daten senden und empfangen, solange Sie die Verbindung nicht trennen. Das ist ja auch praktisch, um immer neueste Infos nachzuladen und sofort online zu speichern. Nicht so schön ist es hingegen, wenn eine App z. B. heimlich Ihr ganzes Adressbuch ausliest und die Telefonnummern und E-Mailadressen Ihrer Freunde an Werbemüllversender verschickt. Oder wenn Sie die Zugangspasswörter für diverse Cloud-Dienste in einer App fest einspeichern, um sie nicht jedes Mal abtippen zu müssen, dann aber das Smartphone verlieren und auch der Finder Ihre Daten ohne Passwort sehen kann (siehe Anfang dieses Kapitels).

- Wenn Sie wichtige persönliche Daten auf Ihrem Smartphone speichern, dann installieren Sie am besten nur vertrauenswürdige Apps, die Sie wirklich brauchen, etwa die Ihrer Cloud-Dienstleister und die der Deutschen Bahn. Verzichten Sie lieber auf Gratis-Spiele! Das klingt hart, aber Sie wissen nicht, welche davon heimlich Daten verschicken.
- In den Datenschutzeinstellungen mancher Smartphones können Sie die Rechte einzelner Apps einschränken. Prüfen Sie kritisch, welche App welche Funktionen ausführen darf.
- Schützen Sie Ihre Mobilgeräte mit einem Passwort.

Auf einen Blick: Mit der Cloud auf Nummer sicher

- Wenn Sie die passenden Apps auf Ihrem Smartphone oder Laptop installieren, können Sie viele Cloud-Daten auch nutzen, während Sie nicht online sind.
- Eine ständige Synchronisation mit der Cloud sorgt dafür, dass Sie bei Geräteverlust/Defekt Ihre Daten behalten.
- Setzen Sie ein Gerätepasswort für Ihre Mobilgeräte.
- Fertigen Sie zusätzlich regelmäßig Backups (Sicherheitskopien) an, das schützt Sie vor weiteren Gefahren.
- Wählen Sie für jeden Dienst ein anderes Passwort. Ein gutes Passwort enthält Ziffern und Sonderzeichen, ist lang und individuell und steht nicht im Wörterbuch.
- Beantworten Sie schwache Sicherheitsfragen mit einem individuellen Kunstwort.
- Benutzen Sie Ihren Vor- und Nachnamen nicht als Benutzernamen für den Login und verwenden Sie eine geheime E-Mailadresse für die Passwort-Rekonstruktion.
- Achten Sie bei der Wahl eines Cloud-Anbieters gut darauf, wem Sie Ihre wichtigen Daten anvertrauen.
- Schützen Sie Ihren PC/Mac vor Schadsoftware.
- Installieren Sie nur vertrauenswürdige Apps, die Sie auch wirklich nutzen.

Um zu den Anleitungen im Internet zu gelangen, scannen Sie einfach den nebenstehenden QR-Code oder öffnen Sie die Seite www.cloud-clever-nutzen.de.

Welche Cloud soll ich nehmen? Kurzübersicht der wichtigsten Anbieter

In den letzten Wochen hat Rainer viel über die Cloud gelernt. Was er früher für kompliziert, theoretisch und Spielerei hielt, hat er inzwischen ausprobiert und dabei im Alltag als sehr nützlich und viel einfacher als gedacht schätzen gelernt.

Bei einem Abend mit alten Freunden kommt das Gespräch auf die neuesten Smartphones und Tipps, wie man die Technik im Alltag am besten einsetzen kann. Auch Rainers Studienkollegin Stefanie ist in der Runde dabei. Sie ist seit zwei Jahren Cloud-Beraterin und weiß über die verschiedenen Anbieter sehr gut Bescheid.

Entdecken Sie mit Rainer in diesem Kapitel,

- welche Vor- und Nachteile die wichtigsten Cloud-Anbieter in den Bereichen E-Mail, Kalender, Kontakte und Smartphone-Abgleich, Dateien, Fotos und selbst gedrehte Videos, Musik und Filme sowie E-Books und Magazine haben,
- was Sie bei der Auswahl Ihrer Cloud-Dienste beachten sollten und
- wie Sie den richtigen Anbieter für sich finden.

Dafür nutze ich Dropbox/iCloud/... – Warum gibt es so viele Anbieter?

Rainer beginnt zu erzählen, wie vielfältig er die Cloud in den letzten Wochen genutzt hat, was er so alles damit macht und dass er mit seinem Anbieter sehr zufrieden ist. Damit hat er ein für alle spannendes Thema angeschnitten – fast gleichzeitig packen alle in der Runde ihre Smartphones und Tablets auf den Tisch und beginnen, durcheinanderzureden. „Gmail, Google Drive und Google Kalender find ich super", sagt Kathrin. „Ich nutze Dropbox! Das ist spitze und ...", antwortet Daniel, während ihm Joachim ins Wort fällt: „Ach was! Für mich gibt's nur die iCloud! ..."

Ralf überlegt kurz und schaut dann Stefanie an: „Sag mal, du bist doch Beraterin und Journalistin für das Thema Cloud und hast einen umfassenderen Einblick, oder? Kannst du uns nicht mal in etwa 15 Minuten einen Überblick geben, was wir wissen müssen und was die wichtigsten Anbieter voneinander unterscheidet?"

Verschiedene Schwerpunkte

„Jeder Anbieter hat natürlich sein eigenes Geschäftsmodell und bestimmte Schwerpunkte", antwortet Stefanie. „Manche sind sehr universell nutzbar, andere können eine ganz bestimmte Sache ganz besonders gut. Dropbox zum Beispiel dient speziell dem Speichern von Dateien, die ihr dann auch mit anderen teilen könnt. Ihr könnt dort keine Musik kaufen, keine Kinofilme leihen und keine Kalender führen, die für alle in der Familie freigegeben und auch noch mit iPhone und iPad synchronisiert werden wie in der iCloud. Bei Spotify könnt ihr für eine monatliche Abogebühr Millionen von Musikstücken anhören, ohne die Titel einzeln zu kaufen – eine Kalendersynchronisation oder Online-Speicher für eure Fotos bietet der Dienst allerdings nicht.

Genauso wie die Anbieter verschiedene Schwerpunkte setzen, sind wahrscheinlich jedem von euch andere Aspekte wichtig. Wenn ihr nur ein paar Fotos vom letzten Fußballspiel online zeigen wollt, die jeder sehen soll, ist Sicherheit nicht so wichtig. Anders verhält es sich, wenn ihr Reisepasskopien, elektronische Steuerunterlagen oder eine Excel-Liste mit den Kontonummern aller Mitglieder eures Fußballvereins für den Bankeinzug des Mitgliedsbeitrags speichern wollt."

Cloud-Anbieter auch kombinierbar

„Ihr müsst auch nicht alles beim gleichen Anbieter nutzen", erzählt Stefanie weiter. „z.B. könnt ihr E-Books auf dem Kindle von Amazon lesen, Musik bei iTunes, also Apple, kaufen, zusätzlich Musik im Deezer-Abo hören, Filme bei Videoload leihen und im Watchever-Abo ansehen, eure Dateien ins TelekomCloud-Mediencenter hochladen, einen Teil der Dateien und Fotos von dort für andere freigeben und einen freigegebenen Google-Kalender führen, während ihr eine Mailadresse bei GMX und eine weitere bei Web.de verwendet.

Wer für alles oder die meisten Dienste nur einen großen Anbieter wie Apple, Google oder die Telekom nutzt, behält natürlich einfacher den Überblick. Wenn an einer Stelle etwas fehlen sollte, kann man kann jederzeit weitere Dienste von anderen Anbietern nutzen. Schauen wir uns doch einmal die wichtigsten Anbieter für die interessantesten Bereiche an ..."

> Es gibt sehr viele unterschiedliche Cloud-Anbieter. Im Folgenden stellen wir Ihnen die wichtigsten davon kurz vor. Das Angebot wird sich im Lauf der Zeit verändern, also Preise und verfügbarer Speicherplatz, die Film- und Musikauswahl. Neue Funktionen werden hinzukommen und mitunter werden auch Funktionen wegfallen. Die aufgelisteten Funktionen und Preise sind auf dem Stand von April 2013.

E-Mail, Kalender, Adressverwaltung, Smartphone-Abgleich

Stefanie beginnt mit E-Mail, Kalender und Adressen: „E-Mails im Webbrowser anzeigen und mit Outlook, iPhone oder iPad sowie Android-Tablets und Android-Smartphones wie z.B. dem Samsung Galaxy S4 versenden und abrufen können so gut wie alle großen Anbieter. Nicht alle unterstützen Push-Mail, das neue E-Mails sofort auf das Mobilgerät sendet, wenn sie im Postfach eintreffen. Ohne Push-Mail muss man erst jedesmal die Mail-App auf dem Smartphone öffnen, eine Schaltfläche zum Synchronisieren antippen oder ein z.B. 15-minütiges Abrufintervall abwarten.

Viel wichtiger ist hingegen, dass manche Anbieter die Kalender und Adressen nur mit ganz bestimmten Smartphones synchronisieren können – wer seine Daten in der iCloud abgelegt hat und auf ein Android-Smartphone wechselt, kann Kalender und Adressbuch nicht ohne Weiteres auf das neue Gerät übernehmen. Das ist bei Google oder in der Telekom-

Cloud einfacher. Wenn ein Cloud-Anbieter die Synchronisation mit einem bestimmten System nicht direkt unterstützt, ist das zwar manchmal über Umwege und Drittanbieter lösbar, das ist aber erstens komplizierter und birgt zweitens viele Fehlerquellen, die zu einer Menge Problemen führen können."

GMX

- FreeMail: 1,5 GB E-Mail-Speicherplatz gratis (Werbe-Fußzeile in jeder Mail und Werbeanzeigen im Webbrowser)
- ProMail: 5 GB für 36 Euro pro Jahr, werbefrei
- TopMail: 10 GB für 60 Euro pro Jahr, werbefrei
- Anhänge maximal: 20 MB; Pro: 50 MB; Top: 100 MB
- Push-Dienst nur bei ProMail und TopMail

⊕ Server in Deutschland, deutsche Datenschutzgesetze

⊖ keine Synchronisation von Terminen und Adressen mit iOS/Android/Outlook

⊖ keine Freigabe des Kalenders für andere

Google Kalender und Gmail (bis 2012 „Google Mail")

- Unbegrenzt E-Mail-Speicherplatz und Anhänge bis zu 25 MB gratis (Werbeanzeigen im Webbrowser, die anhand des Textes von E-Mails ausgewählt werden).

⊕ Push-Dienst für E-Mail, Termine und Adressen

⊕ mehrere Kalender und Freigabe der Kalender für andere Nutzer von Google Kalender (inkl. Bearbeitung) möglich

⊕ Synchronisation Kalender/Adressen mit iOS/Android

⊖ keine Synchronisation direkt mit Outlook für Kalender (nur Lesen möglich) und Adressen. Das geht nur über Drittanbieter, was aber zu vielen Problemen führen kann. Das ehemalige Google Calendar Sync wird von Google nicht mehr unterstützt und nicht mehr angeboten.

⊖ Server in den USA, Datenschutz weniger umfangreich

iCloud

- Anhänge bis 20 MB, 5 GB Speicher gratis – die 5 GB müssen sich die Mails allerdings mit anderen iCloud-Daten teilen (Upgrade auf 15/25/55 GB für 16/32/80 Euro pro Jahr).

⊕ Synchronisation von Kalender und Adressen mit iOS, Outlook und iCal

⊕ mehrere Kalender und Freigabe der Kalender möglich (Termine lesen für jeden, bearbeiten nur für andere iCloud-Nutzer)

⊕ freigegebene Kalender anderer iCloud-Nutzer können Sie auch in Outlook, dem iOS-Kalender und Apple iCal öffnen

⊖ in Deutschland seit 2012 keine Push-Funktion mehr

⊖ keine Synchronisation mit Android (außer über Umwege)

⊖ Server in den USA, Datenschutz weniger umfangreich

TelekomCloud (E-Mail-Center)

- Freemail, Mail & Cloud S: 1 GB E-Mail-Speicher und Anhänge bis zu 32 MB senden sowie Anhänge bis zu 50 MB empfangen gratis (Werbeanzeigen im Browser)
- Mail & Cloud M (nur für Telekom-Kunden erhältlich): Anhänge bis zu 50 MB senden und empfangen und 15 GB Speicher für 5 Euro pro Monat, werbefrei
- „Mail & Cloud L": gleiche Leistung für E-Mail, aber mehr Mediencenter-Speicher (100 GB)
- Push-Funktion und Synchronisation von Kalender und Adressen nur für Telekom-Kunden (Festnetz/Mobilfunk)

⊕ Synchronisation von Kalender und Adressen mit iOS, Android und Outlook

⊕ mehrere Kalender und Freigabe der Kalender möglich

⊕ freigegebene Kalender lesbar in Outlook/iOS/Android/iCal

⊕ Server in Deutschland, deutsche Datenschutzgesetze, TÜV-zertifizierte Sicherheit

⊖ lesen anderer freigegebener Kalender bisher nur mit zusätzlichen Diensten oder Programmen (z. B. Outlook, iPhone-Kalender, iCal) möglich

WEB.DE

- FreeMail: 1 GB E-Mail-Speicherplatz und Anhänge bis 20 MB gratis (Werbeanzeigen im Webbrowser);

- WEB.DE Club: unbegrenzter E-Mail-Speicherplatz und Anhänge bis zu 50 MB für 60 Euro pro Jahr, werbefrei
- Push-Dienst nur bei WEB.DE Club

⊕ Server in Deutschland, deutsche Datenschutzgesetze

⊖ keine Synchronisation von Terminen und Adressen mit iOS, Android und Outlook

⊖ keine Freigabe des Kalenders für andere

Achten Sie auf Laufzeiten und Kündigungsfristen. Manche Anbieter (z.B. GMX/WEB.DE) geben zwar einen Preis pro Monat an, haben aber immer 12 Monate Vertragslaufzeit (die sich am Ende um 12 Monate verlängern), so dass tatsächlich nur ein Jahresabo möglich ist. Solche Abos haben wir in Jahrespreise umgerechnet aufgelistet. Andere Anbieter haben wirklich monatlich kündbare Pakete (z.B. TelekomCloud) oder geben ihre Preise transparent an (z.B. die iCloud einen Preis pro Jahr).

Dateien in der Cloud: Dokumente, Fotos, Videos

„Manche Anbieter stellen nicht nur Speicherplatz für Dateien wie Dokumente, Fotos und eigene Videos in der Cloud bereit", beginnt Stefanie, "sondern ermöglichen auch das Bearbeiten von Dokumenten direkt im Browser. Mit Microsoft SkyDrive oder Google Docs lassen sich z.B. Word-Dateien im Webbrowser bearbeiten, obwohl auf dem PC, an dem man gerade sitzt, das entsprechende Programm gar nicht installiert ist. Die TelekomCloud bietet mit 25 GB den größten kostenfreien Speicher – mehr als zwölfmal so viel wie Dropbox und viermal so viel wie Microsoft. Wenn der Anbieter die Daten in

Deutschland lagert, bedeutet das für die Kunden aufgrund der strengeren Gesetze einen besseren Datenschutz als im Ausland.

Die iCloud ist eher dafür gedacht, Dateien zwischen den eigenen Apple-Geräten synchron zu halten – für den Zugriff von unterwegs und das Teilen der Daten mit anderen ist die iCloud den Mitbewerbern deutlich unterlegen: Eine Freigabe der Dateien für Dritte, die Einbindung des Cloud-Speichers als offline nutzbares Laufwerk auf Windows-PCs und ein Zugriff über den Webbrowser sind nicht vorgesehen. Die anderen Anbieter beherrschen das. Für Selbstständige und kleine Unternehmen ist das Angebot von Strato sehr interessant, wegen der großen Menge an hinzubuchbarem Speicher und der Möglichkeit, Daten auf DVD/Festplatten einzusenden."

Dropbox

2 GB Speicher gratis. Upgrades: 100 GB für 10 US-$ pro Monat, 200 GB für 20 US-$ pro Monat, 500 GB für 50 US-$ pro Monat. Im Jahres-Abo 12 Monate zum Preis von 10. Für 40 US-Dollar pro Jahr ist (unabhängig vom belegten Speicherplatz) die „Packrat"-Funktion buchbar: Jede gelöschte und geänderte Datei wird von Dropbox so gespeichert, dass sie später in der vorigen Version wiederherstellbar ist.

⊕ In viele iOS-Apps integriert (speichern von mit iPhone oder iPad bearbeiteten Dateien direkt in der Dropbox)

⊕ aufbewahren bearbeiteter oder wiederherstellen gelöschter Dateien mit „Packrat" (s. o.)

⊖ Serverstandort USA

iCloud

5 GB Speicher gratis – E-Mails des gleichen iCloud-Benutzerkontos müssen sich diesen Speicherplatz allerdings mit den anderen iCloud-Daten teilen. Der von den E-Mails belegte Speicherplatz wird also von den 5 GB abgezogen. Upgrade auf 15/25/55 GB für 16/32/80 Euro pro Jahr.

⊖ keine Freigabe der Dateien für andere Nutzer
⊖ kein Dateizugriff per Webbrowser, Windows oder Android
⊖ Serverstandort USA

Microsoft SkyDrive

7 GB Speicher gratis, zusätzlich 20/50/100 GB für 8/19/37 Euro pro Jahr.

⊕ Bearbeiten von Office-Dokumenten im Webbrowser
⊖ Serverstandort USA

TelekomCloud Mediencenter

25 GB Speicher gratis. Mehr Speicherplatz ist nur für Telekom-Kunden (Festnetz/Mobilfunk) erhältlich: 50 GB für 5 Euro pro Monat, 100 GB für 10 Euro pro Monat (jeweils inklusive zusätzlichem E-Mail-Speicherplatz). Mit einem Entertain-Receiver können Fotos, Videos und Musik aus der TelekomCloud direkt auf dem Fernseher gezeigt werden, ohne PC, Tablet oder Smartphone anzuschließen.

⊕ Server in Deutschland, TÜV-zertifizierte Sicherheit

Google Drive

5 GB Speicher gratis, Upgrades: 25/50 GB für 30/60 US-$ pro Jahr. Die Fotofunktionen sind eingeschränkt, da Google hierfür separate Cloud-Dienste (Google+ und Picasa) anbietet.

⊕ Bearbeiten von Office-Dokumenten im Webbrowser
⊖ Serverstandort USA

Strato HiDrive

20/100/250/500 GB Speicher für 24/84/144/240 Euro pro Jahr. Preise unübersichtlich („Lockangebote"): z.B. 30 Tage kostenlose Testphase gefolgt von 6 Monaten ohne Gebühr – nur in einer Fußnote wird erwähnt, dass damit bereits nach 30 Tagen eine Mindestlaufzeit von einem Jahr gilt, dessen letzte 6 Monate 42/72/120 Euro kosten. Kündigungsfristen von 6, 12 und 24 Monaten mit unterschiedlicher monatlicher Grundgebühr.

⊕ Einsendeservice für Daten: Festplatten oder DVDs mit Daten einsenden, die von Strato in den Cloud-Speicher kopiert werden (spart lange Upload-Zeiten bei großen Datenmengen)
⊕ Server in Deutschland, TÜV-zertifizierte Sicherheit

Wann immer Sie persönliche Daten speichern, sollten Sie das Thema Sicherheit ernst nehmen. Achten Sie darauf, dass der von Ihnen gewählte Dienst ausreichende Sicherheitsstandards bietet, installieren Sie regelmäßig Sicherheitsupdates für Ihr Betriebssystem und verwenden Sie einen Virenscanner sowie ein starkes, individuelles Passwort (siehe Abschnitt „Sicher vor böser Software/Datenklau").

In der Cloud abgelegte Daten verschlüsseln oder nicht?

Sie können alle Ihre Daten vor dem Hochladen in die Cloud verschlüsseln, z. B. mit dem Programm BoxCryptor, das alle oben genannten Anbieter für Online-Speicher sowie Windows, Mac OS, iOS, Android und weitere Betriebssysteme unterstützt. Allerdings erschwert Ihnen das in Notfällen den eigenen Zugriff.

Ihnen wird z. B. im Ausland die Tasche mit Reisepass, Notebook und Smartphone gestohlen. Oder Sie benötigen unterwegs dringend eine Datei und haben Laptop wie Smartphone zu Hause liegen lassen. Oder auf Ihrer Festplatte sind durch einen technischen Defekt alle Daten verloren gegangen und Sie haben kein Smartphone oder Tablet als Ersatz.

Dann haben Sie durch die Verschlüsselungssoftware einen der wichtigsten Cloud-Vorteile zunichte gemacht: Sie können zwar von überall auf Ihre Dateien zugreifen, diese sind jedoch durch die Verschlüsselung solange nicht mehr zu gebrauchen, bis Sie das Programm zum Entschlüsseln installiert haben. Auf Hotel-PCs, in Ihrer Firma oder unterwegs beim Kunden dürfen oder können Sie aber keine fremde Software installieren, so dass Sie nicht auf Ihre Daten zugreifen können. Ohne Verschlüsselung wäre das über den Browser möglich gewesen.

Wenn Sie richtig Pech haben, ist Ihre Verschlüsselungssoftware nach einem Diebstahl oder Defekt Ihrer Geräte nicht mehr herunterladbar (z. B. Insolvenz des Anbieters), so dass Ihnen nicht einmal ein neues eigenes Smartphone oder Notebook hilft ... Wir empfehlen Ihnen daher, keine Verschlüsselung zu verwenden, sondern lieber einen sicheren Anbieter und ein starkes Passwort zu wählen.

Musik in der Cloud

„Bei Musik stellt sich die Frage, ob ihr Lieder die euch gefallen unbedingt besitzen wollt – wozu man sie kaufen und herunterladen muss –, oder ob ihr lieber ein Monatsabo für den Preis einer CD kauft und damit beliebig viele Lieder aus einer Millionen Titel umfassenden Auswahl sofort anhören und für die Offline-Nutzung unterwegs herunterladen möchtet", erklärt Stefanie das Geschäftsmodell der Anbieter von Streaming-Diensten. „Sobald ihr das Abo bei Diensten wie Spotify und Deezer kündigt, sind die Musiktitel nicht mehr abspielbar.

Bei sogenannten Scan-and-Match-Diensten kann man nur Titel hören, die vorher bereits gekauft oder z.B. von CDs aufgenommen wurden. Ihr lasst eure Musiksammlung auf dem PC von der Software durchsuchen. Titel, die beim Anbieter online vorhanden sind könnt ihr dann sofort auch auf Mobilgeräte herunterladen und hören. Diejenigen Songs, die online beim Anbieter noch nicht vorhanden sind, muss er für euch erst von eurem PC in die Cloud hochladen. Je nach Musikgeschmack werden das ca. 5 % bis 30 % eurer Songs sein, das einmal erforderliche Hochladen kann ggf. mehrere Tage dauern.

iTunes Match funktioniert nicht mit Android-Geräten und Google Play Music bietet keine direkte Unterstützung für iOS. Zur Zeit ermöglichen andere iOS-Apps den Zugriff auf Google Play Music, es ist aber nicht garantiert, dass Google das weiterhin zulässt. Damit ist der Amazon Cloud Player der einzige Scan-and-Match-Dienst, der seine Anwender beliebig zwischen iOS- und Android wechseln lässt.

Der Telekom Music Shop bietet nicht das umfangreiche Abo-Angebot von Spotify oder Deezer oder Scan-and-Match wie Google, Apple und Amazon. Zusammen mit dem Mediencenter könnt ihr ihn aber als Ergänzung für Spotify nutzen, wenn ein Titel nicht im Abo-Angebot enthalten ist."

iTunes, iTunes Match und iCloud

26 Mio. Songs verfügbar. Einzelkauf möglich. Scan-and-Match (maximal 25.000 Songs) für 25 Euro pro Jahr.

⊕ sehr gute Abspiel-/Verwaltungssoftware für PC und Mac

⊖ kein Abspielen über Webbrowser oder Android

Amazon MP3 und Amazon Cloud Player

16 Mio. Songs verfügbar. Einzelkauf möglich. Scan-and-Match für 25 Euro pro Jahr, maximal 250.000 Songs in der Cloud (Mini-Variante: für 250 Titel kostenlos nutzbar).

⊕ ermöglicht 10-mal mehr Songs in der Cloud als andere Scan-and-Match-Anbieter

⊕ Nutzung über Webbrowser (PC/Mac), iOS und Android

Google Play Music

13 Mio. Songs verfügbar. Einzelkauf möglich. Scan-and-Match kostenlos, maximal 20.000 Songs in der Cloud (Nutzung im Webbrowser für PC/Mac und per Android-App).

⊕ bis zu 20.000 Songs gratis per Scan & Match hochladbar
⊖ keine direkte Unterstützung für iOS (iPhone/iPad)

Spotify

15 Mio. Songs im Abo. Für 5 Euro pro Monat beliebig viele Titel hören, auch wenn bisher keiner davon im Besitz des Anwenders war. Für 10 Euro pro Monat auch offline und auf Mobilgeräten nutzbar.

⊕ große Musikauswahl, sofort verfügbar, ohne vorigen Upload/Kauf
⊕ in einigen Telekom-Mobilfunktarifen wird Spotify-Streaming nicht auf das Download-Volumen angerechnet
⊕ unterstützt viele Geräte inkl. iOS, Android, Blackberry, Windows Phone, PC/Mac (eigene Software u. Browser)
⊖ im Katalog nicht vorhandene Musik kann nicht hochgeladen werden; um nicht vorhandene Songs zu hören, ist ein zusätzlicher Dienst oder eine App nötig

Telekom Music Shop (zusätzlich zum Mediencenter)

6 Mio. Songs verfügbar. Nur Einzelkauf mit direktem Speichern im Cloud-Mediencenter möglich, kein Scan-and-Match: Bereits vorhandene Titel müssen manuell hochgeladen werden;

das dauert lange und belegt Platz im Mediencenter (25 GB Speicher reichen je nach Länge und Qualität der Musikstücke für ca. 4.000 bis 8.000 Titel in guter Qualität).

⊕ Mediencenter nutzbar mit iOS/Android/PC/Mac/Browser

⊖ kein Scan-and-Match oder Abo, daher eher für kleinere Musiksammlungen oder als Ergänzung zu einem Abo-Dienst geeignet

⊖ geringere Titelauswahl als die anderen Anbieter

⊖ nur für Telekom-Kunden (Festnetz/Mobilfunk) nutzbar

Deezer

20 Mio. Songs im Abo. Für 5 Euro pro Monat beliebig viele Titel hören, auch wenn bisher keiner davon im Besitz des Anwenders war. Für 10 Euro pro Monat auch offline und auf Mobilgeräten nutzbar.

⊕ große Musikauswahl, sofort verfügbar, ohne vorigen Upload/Kauf

⊕ zusätzlich kann nicht im Katalog vorhandene Musik hochgeladen und zusammen mit der Abo-Musik auf eigenen Geräten gehört (aber nicht mit anderen Anwendern geteilt) werden

⊕ unterstützt viele Geräte inkl. iOS, Android, Blackberry, Windows Phone, PC/Mac (eigene Software u. Browser)

Kinofilme und Fernsehserien

Als Nächstes erwähnt Stefanie Video-on-Demand, also Filme und Fernsehserien in der Cloud: „Auch für Filme gibt es die Optionen Kaufen oder zum monatlichen Abo-Preis eine Flatrate buchen. Anders als bei Musik enthalten die Flatrates aber keine aktuellen Filme, die erst vor kurzem im Kino liefen, oder nur eine begrenzte Anzahl. Einzelne Filme kann man auch für 48 Stunden online ausleihen. So ist es durchaus sinnvoll, z.B. für 9 Euro pro Monat eine Flatrate für ältere Filme bei Watchever zu buchen und neuere Filme bei Bedarf z.B. über iTunes oder Videoload auszuleihen. Nur iTunes kann Filme auch offline auf Mac, PC, iPad und iPhone wiedergeben. Watchever unterstützt die Offline-Wiedergabe nur für Android und iOS (aber nicht Mac/PC), Maxdome und Videoload hingegen die Offline-Wiedergabe nur mit Windows-PCs."

> Für Filme ist eine Offline-Wiedergabemöglichkeit nicht nur unterwegs – im Flugzeug oder im fahrenden Zug – hilfreich, sondern auch bei langsamer Internetverbindung: Um den Film ohne „Zwangspausen" und Ruckeln zu sehen, können Sie ihn dann vorher komplett herunterladen (selbst wenn das bei langsamer Verbindung ggf. mehrere Stunden dauert).

iTunes

Leihpreis je nach Alter des Films und Bildqualität (SD/HD) meist zwischen 2 und 8 Euro für 48 Stunden, Kaufpreis zwischen 5 und 20 Euro. Manche neue Filme teilweise nur zum Kauf, einige Monate später meist auch ausleihbar.

- ⊕ große Auswahl an aktuellen Filmen, die vor Kurzem im Kino liefen, und auch älteren Klassikern, mittelgroße Auswahl an Fernsehserien.
- ⊕ nutzbar auf PC, Mac und iOS
- ⊕ offline nutzbar, Leihdauer (48 h) beginnt bei erstem Starten der Wiedergabe des Films

Lovefilm (Amazon)

Flatrate für 7 Euro pro Monat, für 12/18 Euro pro Monat zusätzlich eine/zwei DVDs gleichzeitig per Post ausleihbar (weitere DVD-Optionen mit anderen Paketpreisen).

- ⊕ Flatrate: unabhängig von Leihdauer, beliebig viele Filme
- ⊕ großes Angebot an ausleihbaren DVDs
- ⊕ nutzbar auf PC, Mac und iOS
- ⊖ Filmauswahl für Video-on-Demand/Streaming eher klein, Auswahl Fernsehserien sehr begrenzt

Maxdome

Leihpreis meist zwischen 2 und 8 Euro für 48 Stunden, Kaufpreis zwischen 5 und 15 Euro. Viele neue Filme nur ausleihbar (nicht zum Kauf), einige davon nur zum Kauf, aber nicht ausleihbar (später dann meist beides möglich). Verschiedene Abo-Modelle für Filme und Serien von 5 Euro bis 25 Euro pro Monat: Ein Großteil der Filme (nicht alle) ist damit beliebig oft und lange ohne zusätzliche Gebühren ausleihbar. Dadurch sehr flexibles Preismodell, das aber komplizierter als bei den anderen Anbietern ist. Nutzbar auf PC, Mac und vielen Smart-TVs/Set-Top-Boxen, aber noch nicht mit Smartphones und Tablets (iOS/Android). Nur mit Windows-PCs offline nutzbar.

⊕ große Auswahl an aktuellen Filmen die vor Kurzem im Kino liefen und auch älteren Klassikern, mittelgroße Auswahl an Fernsehserien.

⊕ flexibles Preismodell: leihen, kaufen und Flatrates

Videoload

Leihpreis meist zwischen 2 und 5 Euro für 48 Stunden, Kaufpreis zwischen 4 und 15 Euro. Manche neue Filme teilweise nur ausleihbar, später meist auch zum Kauf. Nutzbar auf PC, Mac und Entertain-Receivern, aber noch nicht auf Smartphones und Tablets (iOS/Android). Nur mit Windows-PCs offline nutzbar. Mittelgroße Auswahl an aktuellen Filmen, die vor Kurzem im Kino liefen (und älteren Klassikern/Serien).

⊕ mit Entertain-Receiver besonders performant: schneller Filmstart und ruckelfreie Wiedergabe (selbst bei geringeren Verbindungsgeschwindigkeiten, bei denen andere Anbieter patzen)

⊕ mit Entertain-Receiver beste HD-Bildqualität

Watchever

Flatrate für 9 Euro pro Monat; enthält keine aktuellen Filme, die vor Kurzem im Kino liefen. Keine Kauf-/Leihoption.

⊕ Flatrate: unabhängig von Leihdauer, beliebig viele Filme

⊕ Nutzbar auf PC/Mac/iPad/iPhone/Android-Tablets

⊖ Eher begrenztes Angebot: nur wenige Filme, die in den letzten 12 Monaten im Kino liefen, immerhin mittelgroße Auswahl an älteren Klassikern und Serien.

⊖ offline nur auf iOS/Android in Deutsch (statt in Originalsprache) nutzbar, keine Offline-Nutzung für PC/Mac.

E-Books, Tageszeitungen und Magazine in der Cloud

„Für E-Books, Tageszeitungen und Magazine gibt es mehrere Lesegeräte und Anbieter, die teilweise kompatibel sind", erklärt Stefanie. „Vereinfacht gesagt, gibt es in Deutschland zur Zeit drei wichtige Formate: Erstens das Kindle-Format von Amazon – nicht zu verwechseln mit den Kindle-Geräten. E-Books, Zeitschriften und Tageszeitungen im Kindle-Format kann man auf verschiedenen Geräten lesen, zum Beispiel iPhone, iPad, Android-Tablet/Smartphone und natürlich den Kindle-Geräten – nicht aber auf anderen E-Book-Readern. Auch eine Software zum Lesen am Mac/PC und eine Funktion zum Lesen im Webbrowser ist verfügbar."

„Zweitens das EPUB-Format: Viele deutsche Anbieter – z.B. Ciando, eBook.de, PagePlace, Thalia, Weltbild und Kobo – benutzen für E-Books entweder das EPUB-Format oder ein kopiergeschütztes PDF-Format (PDF mit Adobe DRM), das der *tolino shine* und so gut wie alle anderen E-Book-Reader außer dem Kindle unterstützen. Auch für Smartphones, Tablets und Mac/PC gibt es entsprechende Lese-Apps. Deutsche Magazine und Zeitungen findet man in den Apps iKiosk, PagePlace und Pubbles ("iKiosk" ist übrigens nicht von Apple, sondern vom Axel Springer Verlag).

Drittens hat Apple E-Books und Magazine im Angebot (iBooks, Zeitungskiosk-App von Apple sowie einzelne Apps direkt vom Anbieter der jeweiligen Zeitung/des Magazins für bestimmte Titel), die dann nur mit iPhone/iPad lesbar sind.

Die größte Auswahl an englischsprachigen E-Books bietet Amazon: Ca. 95 % der Titel der US-Bestseller-Listen und älterer Titel sind im Kindle-Format erhältlich, einige der aktuellen US-Bestseller sogar nur für Kindle und nicht mehr auf Papier. EPUB deckt inzwischen ca. 80 % und iBooks ca. 72 % der englischen Literatur ab.

Etwa neun von zehn aktuellen deutschen Bestsellern sind in allen drei Formaten verfügbar, bei älteren deutschen Titeln liegen das Kindle- und EPUB- Format mit 7 von 10 Titeln leicht vor iBooks, das immerhin noch knapp mehr als die Hälfte älterer deutscher Bücher abdeckt.

Die digitalen Ausgaben von deutschen Zeitungen und Zeitschriften sind weniger verbreitet: Die beste Auswahl bietet mit etwas mehr als der Hälfte der wichtigsten gedruckten Titel der iTunes Store (Kiosk und spezielle Apps zusammen). iKiosk, PagePlace und Pubbles kommen zusammen etwa auf ein Drittel der gedruckten deutschen Titel, hier sind die Daten auch auf anderen Betriebssystemen als iOS nutzbar. Nur ca. 10–15 % der gedruckten deutschen Zeitungen und Zeitschriften sind zur Zeit im Kindle-Format erhältlich."

Wie finden Sie den richtigen Anbieter für sich?

Rainer hat bei diesem Vergleich noch einiges gelernt. Vor ein paar Wochen hatte er die TelekomCloud ausprobiert, einfach nur, weil das für ihn sehr einfach war: Er bekommt viele Funktionen vom gleichen Anbieter, bei dem er ohnehin schon eine E-Mail-Adresse angelegt hatte. Zum Speichern und Teilen seiner Dateien und Urlaubsfotos hätte er sich genauso gut für Dropbox entscheiden können.

Nach der Funktionsübersicht weiß er jetzt, dass er für seine Ansprüche mit diesem Anbieter eine gute Wahl getroffen hat, bei der er bleiben wird. Er beschließt, zusätzlich Watchever auszuprobieren, nimmt einen Schluck Espresso, lehnt sich zufrieden zurück und bedankt sich bei Stefanie: „Vielen Dank für diesen kompakten, hilfreichen Überblick! Da könnte man jetzt noch lange weiter im Detail drüber reden ..."

Stefanie lächelt: „Darf ich mir als Dankeschön einen kleinen Gefallen wünschen?" Alle schauen sie gespannt an ... „Lasst uns bitte heute Abend nicht mehr weiter über Technik reden, sondern über Urlaub. Ich kann nächste Woche ein paar Tage frei nehmen und suche ich noch ein schönes Ziel für einen Ausflug in ein auf fünf Tage verlängertes Wochenende. Habt ihr eine Idee?"

Rainer grinst und öffnet das Mediencenter auf seinem iPhone – er wird heute kein Wort mehr über die Cloud reden, sondern einfach die Fotos von Valencia zeigen. Und die Restaurant-Tipps weitergeben, die er sich in Evernote aufgeschrieben hat.

Checkliste: So finden Sie den richtigen Anbieter

- Überlegen Sie und notieren Sie in Stichworten, was Ihre Anforderungen sind: Haben Sie z.B. eine große Musiksammlung mit 50.000 Songs in mühevoller Handarbeit digitalisiert, die Sie gern über die Cloud auf verschiedenen Geräten anhören möchten? Wollen Sie einfach nur Ihre Termine und Adressen vom Smartphone sichern und dabei jederzeit einfach auf ein anderes Smartphone-Modell wechseln können? Oder fällt Ihnen sofort eine Liste mit vielen weiteren Punkten ein?
- Schauen Sie im Anbietervergleich, welcher Anbieter dazu passt – es können auch mehrere sein.
- Überlegen Sie, ob Sie sich an eine bestimmte Plattform binden oder lieber einen universellen Anbieter nutzen möchten: Wenn Sie nur mit Apple-Geräten wie iPhone, iPad und Macbook arbeiten, sind Sie mit der iCloud bestens versorgt. Zumindest, solange Sie nicht ein Jahr später auf ein Smartphone mit Android-Betriebssystem (wie z.B. das Samsung Galaxy) wechseln. Mit einem Android-Gerät können Sie weder direkt auf Ihre Adressen, Dateien noch auf Musik in der iCloud zugreifen (höchstens über kompliziertes Exportieren, Konvertieren, Re-Importieren oder Kopieren zu/mit anderen Diensten/Drittanbietern). Andere Anbieter hingegen sind plattformunabhängig nutzbar: Zum Beispiel können Sie mit der TelekomCloud vorher per iPhone und Macbook genutzte Adressbücher und Kalender, Dateien sowie im Mediencenter ablegte Musik direkt mit Android-

Smartphones und Windows-Notebook weiter nutzen (und später wieder auf iOS/Mac OS zurück wechseln).

- Die meisten Cloud-Dienste können Sie kostenfrei ausprobieren: manche für ein paar Tage/Wochen, andere mit begrenztem Speicherplatz, manche Dienste sind durchgängig gratis. Überlegen Sie nicht zu lange, sondern testen Sie ruhig mehrere Anbieter – vieles wird klarer, wenn Sie es einfach einmal ausprobieren.
- Denken Sie bitte unbedingt an eine regelmäßige Sicherung Ihrer wichtigen Daten (Backup).
- Achten Sie auf Sicherheit, wenn Sie persönliche Daten in der Cloud speichern, und wählen Sie dabei für jeden Anbieter ein individuelles, starkes Passwort.

Denken Sie daran: Wie Sie die im Buch beschriebenen Tipps, Beispiele und Anwendungen umsetzen finden Sie – genau wie Links zu den erwähnten Cloud-Anbietern – auf der Internetseite zum Buch unter www.cloud-clever-nutzen.de

Wir wünschen Ihnen viel Spaß beim Ausprobieren, Entdecken und Nutzen der Cloud!

Ihr

Markus Gorski, Michael Schuld und Holger Wöltje

Impressum

Bibliografische Information der Deutschen Nationalbibliothek
Die Deutsche Nationalbibliothek verzeichnet diese Publikation in der Deutschen Nationalbibliografie; detaillierte bibliografische Daten sind im Internet über
http://dnb.d-nb.de abrufbar.

FSC
www.fsc.org
MIX
Papier aus verantwortungsvollen Quellen
FSC® C106847

Print: ISBN: 978-3-648-04606-7 Bestell-Nr.: 01363-0001
ePub: ISBN: 978-3-648-04607-4 Bestell-Nr.: 01363-0100
ePDF: ISBN: 978-3-648-04608-1 Bestell-Nr.: 01363-0150

Markus Gorski, Michael Schuld, Holger Wöltje
Cloud clever nutzen – der leicht verständliche Überblick
1. Auflage 2013

Redaktionsanschrift: Fraunhoferstraße 5, 82152 Planegg/München
Telefon: (089) 895 17-0
Telefax: (089) 895 17-290
Internet: www.haufe.de
E-Mail: online@haufe.de

Lektorat: Jürgen Fischer
Satz: Beltz Bad Langensalza GmbH, 99947 Bad Langensalza
Umschlag: Kienle gestaltet, Stuttgart
Druck: freiburger graphische betriebe, 79108 Freiburg

Die Autoren

Markus Gorski kam in 2009 von der Managementberatung Accenture zur Deutschen Telekom. Seit 2011 leitet er im Vertriebs- und Service-Marketing der Telekom Deutschland das Launch- und Lifecyclemanagement für Festnetz- und Konvergenzprodukte. In seiner Verantwortung liegen die vertriebliche Organisation und Freigabe von Produkt-Launches und -Pflegemaßnahmen, sowie Vertriebsaktionen für und in allen Privatkundenkanälen. Der passionierte Gleitschirmflieger nutzt die TelekomCloud privat vor allem für den Flugsport.

Michael Schuld ist seit 2005 Leiter des Bereichs Vertriebs- und Service-Marketing der Telekom Deutschland, verantwortlich für das Vertriebs- und Service-Marketing auf Konzernebene (u.a. Produkteinführungen, Steuerung von Verkaufsförderungsaktivitäten, Coaching und Qualifikation der Vertriebsmitarbeiter und Partner). Seit 1997 ist er bei der Telekom Deutschland mit nationalen und internationalen Aufgaben im Bereich Einkauf und Produktmanagement von Endgeräten betraut, von 2002–2005 war er Leiter des Endgerätemanagements.

Holger Wöltje ist Experte für produktives Arbeiten mit der Technik von morgen. Er zeigt Ihnen, wie Sie mit der Cloud und Smartphones im Urlaub, zu Hause oder im Büro jederzeit die Inhalte finden, die Sie gerade brauchen. Als selbstständiger Berater hilft er den Mitarbeitern von Fortune-Global-500- und Dax-30-Unternehmen wie z.B. der Deutschen Post, Credit Suisse, Microsoft, SAP und Lufthansa dabei, ihre Termine und E-Mails in den Griff zu bekommen. Mehr über seine Vorträge, Seminare und Lernvideos für Sie finden Sie auf: www.zeit-im-griff.de.